APPLIED SPATIAL ECONOMETRICS
A Panel Data Toolbox for MATLAB

应用空间
计量经济学

贝叶斯统计与 MATLAB 实现

〔美〕 **詹姆斯·保罗·勒沙杰**（James P. LeSage） 著

盛玉雪 〔美〕池燿宇（Yao-Yu Chih） 译

北京大学出版社

图书在版编目(CIP)数据

应用空间计量经济学:贝叶斯统计与 MATLAB 实现/(美)詹姆斯·保罗·勒沙杰著;盛玉雪,(美)池耀宇译. —北京:北京大学出版社,2024.1
高等院校经济学管理学系列教材
ISBN 978-7-301-34547-4

Ⅰ. ①应⋯　Ⅱ. ①詹⋯ ②盛⋯ ③池⋯　Ⅲ. ①区位经济学—计量经济学—高等学校—教材　Ⅳ. ①F224.0

中国国家版本馆 CIP 数据核字(2023)第 213911 号

书　　名	应用空间计量经济学:贝叶斯统计与 MATLAB 实现	
	YINGYONG KONGJIAN JILIANG JINGJIXUE:	
	BEIYESI TONGJI YU MATLAB SHIXIAN	
著作责任者	〔美〕詹姆斯·保罗·勒沙杰(James P. LeSage)　著	
	盛玉雪　〔美〕池耀宇(Yao-Yu Chih)　译	
责任编辑	杨丽明	
标准书号	ISBN 978-7-301-34547-4	
出版发行	北京大学出版社	
地　　址	北京市海淀区成府路 205 号　100871	
网　　址	http://www.pup.cn　新浪微博:@北京大学出版社	
电子邮箱	zpup@pup.cn	
电　　话	邮购部 010-62752015　发行部 010-62750672　编辑部 021-62071998	
印 刷 者	北京飞达印刷有限公司	
经 销 者	新华书店	
	787 毫米×1092 毫米　16 开本　13 印张　300 千字	
	2024 年 1 月第 1 版　2024 年 1 月第 1 次印刷	
定　　价	58.00 元	

未经许可,不得以任何方式复制或抄袭本书之部分或全部内容。
版权所有,侵权必究
举报电话:010-62752024　电子邮箱:fd@pup.cn
图书如有印装质量问题,请与出版部联系,电话:010-62756370

译者前言

空间计量经济学在近年得到了广泛的关注,发展十分迅速。目前,分析空间计量经济学模型的软件主要有两大类,一类是封装的分析软件,另一类是由学者开发的程序代码。勒沙杰教授在 http://www.spatial-econometrics.com/ 网站上公开的空间计量工具箱基于 MATLAB 实现,可以完成截面、受限因变量、静态面板、动态面板等绝大部分空间模型的估计和分析,在本领域有很高的引用率。该工具箱主要包括两大部分,第一部分是早期的一些函数,主要针对截面数据和受限因变量模型,对此,勒沙杰教授在 1999 年撰写了第一本操作手册(*Applied Econometrics using MATLAB*);第二部分是最新的一些函数,主要针对空间面板数据,对此,勒沙杰教授在 2021 年撰写了第二本操作手册(*A Panel Data Toolbox for MATLAB*)。本书即为第二本手册的中译版。

正如勒沙杰教授提到的,工具箱包含了保罗·埃尔霍斯特(J. Paul Elhorst)教授提供的针对空间面板计量模型的最大似然估计相关函数。对于初涉空间计量的读者,勒沙杰教授和凯利·佩斯(R. Kelley Pace)教授合著的《空间计量经济学导论》(北京大学出版社 2014 年版),以及埃尔霍斯特教授的《空间计量经济学:从横截面数据到空间面板》(中国人民大学出版社 2015 年版)都是重要的参考书。此外,加里·库普(Gary Koop)教授的《贝叶斯计量经济学》(东北财经大学出版社 2020 年版)也是了解贝叶斯计量经济学的很好的参考书。当然,若要应用本手册提到的工具箱,还必须对 MATLAB 编程有基本的了解。

本书的翻译出版得到了国家自然科学基金(71803034)以及广西大学一流专业建设经费的资助,特此致谢!广西大学经济学院硕士研究生黄千芊、梁柳醒、杨昕、肖恩君、沈贤欣、黄迎春、张俊和本科生伍秋霖通读并校对了部分章节,在此表示感谢!

书中难免存在错漏和不妥之处,敬请读者批评指正。

前　言

本手册介绍了一系列基于 MATLAB 的静态面板数据模型估计函数。MathWorks 公司将旨在解决特定类型问题的相关 MATLAB 函数集称为工具箱，并提供了许多有用的函数集作为标准 MATLAB 软件的附加组件，涉及信号处理、优化、统计、金融等领域。我将本手册中描述的函数集合称为贝叶斯面板数据工具箱（Bayesian panel data toolbox）。

随着面板数据日渐流行，相应的应用计量经济学建模越来越受到关注。本手册的读者即是对相关建模感兴趣的教师和学生。工具箱的函数仅适用于静态平衡面板数据模型，即样本量在观测期内保持一致的模型。

这些函数可以对一系列的空间回归模型进行最大似然（ML）估计和贝叶斯马尔可夫链蒙特卡洛（Markov Chain Monte Carlo，MCMC）估计，包括普通最小二乘（ordinary least-squares，OLS）、空间自回归模型（spatial autoregressive models，SAR 模型）、空间杜宾模型（spatial Durbin models，SDM）、空间误差模型（spatial error models，SEM）、空间杜宾误差模型（spatial Durbin error models，SDEM）、X 空间滞后模型（spatial lag of X models，SLX 模型）以及 Debarsy 和 LeSage（2021）[1] 提出的空间权重矩阵凸组合模型（convex combination of spatial weights models）。

除了可用于估计的函数，工具箱中还包括模型比较函数，后者基于贝叶斯对数边缘似然函数展开，可以用于计算模型概率。

本手册中不同的章节将分别介绍相关的函数和示例程序。各章节安排的思路基本上一致，都包括说明文档、示例程序，以及估计结果和 MCMC 诊断结果（大部分估计函数涉及）的输出和图形表示函数。

本手册的目标是让用户能轻松地比较最大似然和贝叶斯 MCMC 估计结果，以及

---

[1] Debarsy, N., J. P. LeSage. Bayesian Model Averaging for Spatial Autoregressive Models based on Convex Combinations of Different Types of Connectivity Matrices. *Journal of Business & Economic Statistics*，2021，40（2）．

对比不同的面板估计模型设定。给定一个被解释变量 y，一组解释变量 X，以及一个或者多个空间权重矩阵 W，用户可以建立一系列空间（非空间）面板模型并得到相应的估计结果。对数边缘似然函数可用于比较这些不同的模型设定与样本数据集间的一致性。

这些函数已被合并到一个用于计量经济学和空间计量经济学估计的 MATLAB 工具箱①中。对于用户来说，合并后可使用的是一整套的计量经济学命令。本手册提及的新开发的面板数据估计函数依赖于既有工具箱中的许多函数。因此，用户需要下载整个工具箱的压缩包，解压缩后会得到一系列服务不同功能的子文件夹。

需要说明的是，工具箱不可避免地可能会存在遗漏、故障乃至编程错误，如果用户在遇到问题时能知会我，我将不胜感激。

最新版本的工具箱可以从 www. spatial-econometrics. com 下载获取，是一个 zip 文件。

下载 zip 文件并解压缩后会产生一个主文件夹和多个子文件夹。用户可使用 MATLAB 的"设置路径"功能将主文件夹和子文件夹添加到 MATLAB 路径中。若要检查路径设置是否成功，可在 MATLAB 命令窗口键入 "help sar_panel_ FE_g"，这时会在命令窗口看到此函数的说明文档。

---

① MATLAB 工具箱即熟知的 jlp7，在 www. spatial-econometrics. com 上对应为 Spatial Econometric Toolbox for MATLAB。——译者注

致　　谢

首先，我要感谢得克萨斯州立大学定量金融和经济学项目秋季计量经济学课程的学生。在他们的课上，这个面板数据工具箱还是错漏百出的版本。我非常感谢他们能在那样的条件下坚持完成了课程作业。

我还要感谢 J. Paul Elhorst，他提供的最大似然估计函数已被包含在工具箱中。还有他于 2014 年出版的关于空间面板数据模型的著作，极大地增进了我对该主题的了解。

与往常一样，R. Kelley Pace 提供了许多有见地的讨论和许多 MATLAB 函数，这些函数也都包含在工具箱中。

空间权重矩阵凸组合模型及相关估计方法是我和 Nicolas Debarsy 合作完成的，这些模型是工具箱的主要创新之一。

来自得克萨斯州立大学的我的同事 Yao-Yu Chih（池燿宇）也是一位出色的合作者，他会倾听我疯狂且经常不正确的想法。

目录

第一章 概述 / 1
- 1.1 模型估计函数 / 1
- 1.2 $ols\_panel\_FE\_g$ ( ) / 3
- 1.3 sar_panel_FE ( ), $sar\_panel\_FE\_g$ ( ) / 12
- 1.4 运用 sar_panel_FE ( ), $sar\_panel\_FE\_g$ ( ) 函数 / 13
- 1.5 本章小结 / 29
- 1.6 本章参考文献 / 30

第二章 SDM、SEM、SDEM、SLX 模型 / 31
- 2.1 SDM / 31
- 2.2 SEM / 39
- 2.3 SDEM / 46
- 2.4 SLX 模型 / 54
- 2.5 本章小结 / 60
- 2.6 本章参考文献 / 61

第三章 空间权重矩阵凸组合模型 / 62
- 3.1 SAR 权重凸组合模型 / 63
- 3.2 本章小结 / 95
- 3.3 本章参考文献 / 96

第四章 SDM、SEM、SDEM 权重凸组合模型 / 98
- 4.1 SDM 权重凸组合模型 / 99
- 4.2 SDEM 权重凸组合模型 / 105

4.3　SEM 权重凸组合模型 / 109

4.4　本章小结 / 115

4.5　本章参考文献 / 116

第五章　模型比较 / 117

5.1　使用 lmarginal_static_panel（）函数 / 119

5.2　比较静态面板数据模型的空间权重矩阵 / 126

5.3　比较给定模型的权重矩阵 / 130

5.4　比较权重矩阵和模型 / 134

5.5　比较 SLX 权重矩阵与模型 / 136

5.6　本章小结 / 139

5.7　本章参考文献 / 140

第六章　凸组合模型的模型比较 / 141

6.1　比较凸组合空间回归模型 / 141

6.2　SAR 凸组合 BMA 模型 / 142

6.3　SDM 凸组合 BMA 模型 / 150

6.4　SDEM 凸组合 BMA 模型 / 158

6.5　本章小结 / 164

6.6　本章参考文献 / 165

第七章　使用函数生成横截面模型的估计值 / 167

7.1　横截面空间回归模型 / 167

7.2　SAR 凸组合与 BMA 横截面模型 / 167

7.3　SDM 凸组合与 BMA 横截面模型 / 172

7.4　SDEM 凸组合与 BMA 横截面模型 / 178

7.5　横截面模型的模型比较 / 184

7.6　本章小结 / 193

7.7　本章参考文献 / 193

中英词汇对照表 / 194

第一章

概　　述

本章列举了工具箱中用于估计各种静态空间面板数据计量模型的函数（function），并详细介绍了普通最小二乘（OLS）和空间自回归（SAR）模型的估计函数。这两个模型在空间计量经济学中发挥了重要作用。工具箱中的所有估计函数都需要相应的输入项（input options）/指令。输入项以 MATLAB 的结构变量（structure variable）为基础，用户可以在变量的相应字段（fields）中指定具体取值。

大部分函数遵循统一的命名规则，具体见后文。

1.1　模型估计函数

工具箱中涉及的一系列静态空间面板数据模型及其估计函数如下：

-------- model estimation functions ------------

ols_panel_FE_g：静态面板（多元线性回归模型）的 MCMC 估计

sar_panel_FE：空间面板 SAR 模型的 ML 估计

sar_panel_FE_g：静态空间面板 SAR 模型的 MCMC 估计

sdem_panel_FE：静态空间面板 SDEM 模型的 ML 估计

sdem_panel_FE_g：静态空间面板 SDEM 模型的 MCMC 估计

sdm_panel_FE：空间面板 SDM 模型的 ML 估计

sdm_panel_FE_g：静态空间面板 SDM 模型的 MCMC 估计

sem_panel_FE：空间面板 SEM 模型的 ML 估计

sem_panel_FE_g：静态空间面板 SEM 模型的 MCMC 估计

slx_panel_FE_g：静态空间面板 SLX 模型的 MCMC 估计

sar_conv_panel_g：空间权重矩阵凸组合 SAR 模型的 MCMC 估计

sem_conv_panel_g：空间权重矩阵凸组合 SEM 模型的 MCMC 估计

sdm_conv_panel_g：空间权重矩阵凸组合 SDM 模型的 MCMC 估计

sdem_conv_panel_g：空间权重矩阵凸组合 SDEM 模型的 MCMC 估计

sar_conv_panel_bma_g：面板 SAR 模型 M 种组合的贝叶斯平均估计

sdm_conv_panel_bma_g：面板 SDM 模型 M 种组合的贝叶斯平均估计

sdem_conv_panel_bma_g：面板 SDEM 模型 M 种组合的贝叶斯平均估计

1.1.1 安装 $Panel\_g$ 工具箱

从 www.spatial-econometrics.com 下载名为 toolbox panelg.zip 的压缩文件。将文件解压缩将得到以下文件夹：

toolbox_panelg（顶级文件夹）

子文件夹：

demo_data（演示数据文件夹）

documentation（Acrobat PDF 手册文件夹①）

demo_programs（演示文件夹）

子文件夹：

chapter1（手册第 1 章中讨论的演示）

chapter2（手册第 2 章中讨论的演示）

chapter3（手册第 3 章中讨论的演示）

chapter4（手册第 4 章中讨论的演示）

chapter5（手册第 5 章中讨论的演示）

chapter6（手册第 6 章中讨论的演示）

chapter7（手册第 7 章中讨论的演示）

panel_g（函数的 MATLAB 代码）

子文件夹：

support_funcs（相关辅助函数的文件夹）

单击 MATLAB 的"设置路径"，选择菜单项"添加并包含子文件夹"，并使用文件导航菜单选择顶级文件夹"toolbox_panelg"。选择"保存"并退出设置路径。这会将所有函数、演示程序、演示数据添加到 MATLAB 路径中。

若要查看路径设置是否成功，可在 MATLAB 命令窗口键入 help ols_panel_FE_g。如果已成功将工具箱函数添加到 MATLAB 路径，应该会看到 $ols\_panel\_FE\_g$（）函数的说明文档，开头如下：

```
PURPOSE: computes MCMC regression model estimates for static panels
         (N regions * T time periods) with spatial fixed effects (sfe)
         and/or time period fixed effects (tfe)
         y = X * b + sfe (optional) + tfe (optional) + e,
         e = N (0, sige * V),
         V = diag (v_1, v_2, ...v_N * T), r/vi = ID chi (r) /r, r = 5 (default)
         b   = N (c, C), default c = 0, C = eye (2 * k) * 1e + 12
         sige = gamma (nu, d0), default nu = 0, d0 = 0
```

---

① 内含 panelg_manual.pdf 即本手册的英文原文。——译者注

Supply data sorted first by time and then by spatial units, so first region 1, region 2, et cetera, in the first year, then region 1, region 2, et cetera in the second year, and so on

ols_panel_FE_g transforms y and x to deviation of the spatial and/or time means

---

USAGE: results = ols_panel_FE_g (y, x, T, ndraw, nomit, prior)

需要注意的是，这些函数调用了 Spatial Econometric Toolbox for MATLAB 中的许多函数。用户需要从 www.spatial-econometrics.com 下载该工具箱的 zip 文件，解压缩并使用相同的过程将顶级文件夹（带有子文件夹）添加到 MATLAB 路径。若要测试路径设置是否成功，可以在 MATLAB 命令窗口键入 hclp ols_g，对应地，将返回 ols_g () 估计函数的说明文档。

本手册首先介绍用于估计面板数据普通最小二乘回归的函数。

1.2 ols_panel_FE_g ( )

该函数将对式 (1.1) 的非空间面板模型进行 MCMC 估计。式中，y 是 $N \times T$ 维的被解释变量，数据的排列呈现如下规律：N 个地区 $t=1$ 期的取值在最上边，其次按 $t=2,3,\cdots,T$ 期依次罗列 N 个地区的相应取值。$NT \times k$ 维的解释变量 X 也是依照这个规律排列。

$$y = X\beta + \iota_T \otimes \mu + \upsilon \otimes \iota_N + \varepsilon \tag{1.1}$$

$$\varepsilon \sim N(0_{NT},\ \sigma^2 V)$$

$$V = \begin{pmatrix} \nu_1 & 0 & \cdots & 0 \\ 0 & \nu_2 & \cdots & 0 \\ \vdots & & \ddots & \vdots \\ 0 & \cdots & 0 & \nu_{NT} \end{pmatrix}$$

$$\pi(\beta) \sim N(c,\ C) \tag{1.2}$$

$$\pi(\gamma/\nu_i) \sim iid\chi^2(\gamma),\quad i=1,\cdots,NT \tag{1.3}$$

$$\pi(\sigma^2) \sim IG(a,\ b) \tag{1.4}$$

$\iota_T \otimes \mu$ 代表 N 维的区域固定效应，每个地区对应一个取值。ι_T 是一个 T 维的元素全为 1 的向量。$\otimes$ 为克罗内克积（Kronecker product），将 μ 重复赋值给每个时期。类似地，$\upsilon \otimes \iota_N$ 是 T 维的时间固定效应的克罗内克积，每个时期对应一个取值。这些参数向量并不会真的估计出来，但如果用户对这些结果有兴趣也可以选择输出。

用户可以根据需要为参数 β, σ^2 指定相应的贝叶斯先验分布（可选），默认估计不包括任何参数的先验信息；也可以为参数 γ 指定一个先验值，默认 $\gamma=5$，对应地，将生成具有差异的方差标量（variance scalar）ν_i，$i=1,\cdots,NT$，每个都可以与方差的先验均值 1 存在差异（LeSage and Pace，2009）；也可以选择令所有 $\nu_i=1$，进行同方差估计。

将 MCMC 估计引入这种包含方差标量的模型可以追溯到 Geweke（1993）。为 ν_i 指定的卡方先验分布是 NT 个独立且相同的 $\chi^2(\gamma)/\gamma$ 分布，其中 γ 为卡方分布的唯一参数。这种处理方法允许用户只需为模型多增加一个参数 γ 便可以估计 NT 个方差标量参数 ν_i。在贝叶斯的方法体系中，使用由单个参数（如 γ）控制的灵活分布族来指定先验分布是非常常见的。控制这一系列先验分布的参数 γ 也被称为超参数（hyperparameter），可以通过改变参数的取值将 ν_i 的估计值限制为先验均值 1。令 $\gamma=30$ 将使得所有 ν_i 的估计值接近 1。在这种情况下，应该将选项设置为不使用这些标量。

取值较大的方差标量 ν_i 的后验估计的作用是调整异常值或者方差较大的观测值。正如在广义最小二乘估计中，这些观测值将被赋予更小的权重，其中较大的方差导致分配给观测值的权重较小。这种类型的分布经常被用来处理包含异常值的样本数据。（Lange，Little and Taylor，1989）

以下是这个模型的一些应用示例。

[例]　运用 $ols\_panel\_FE\_g()$ 函数

以下代码首先使用已知的参数值生成面板数据 y 向量，之后调用 $ols\_panel\_FE\_g()$ 函数得到估计值，并调用 $prt\_panel()$ 函数输出估计结果。

```
% file: ols_panel_gd.m
clear all;
rng (10203040);


n = 200;
t = 10;


k = 2;
x = randn (n*t, k); % random normal x-variables
beta = ones (k, 1); % true beta = 1
sige = 5; % true noise variance = 5
evec = randn (n*t, 1) * sqrt (sige); % random normal disturbances
% fixed effects for regions and time periods
tts = (1: n) * (1/n);
SFE = kron (ones (t, 1), tts');
ttt = (1: t) * (1/t);
```

```
TFE = kron (ttt´, ones (n, 1) );
% true DGP (data generating process)
y = (x * beta + SFE + TFE + evec);

ndraw = 2500;
nomit = 500;
prior.novi_flag = 1; % homoscedastic model v_{i} = 1
prior.model = 3; % model with fixed effects for regions and time period
result1 = ols_panel_FE_g (y, x, t, ndraw, nomit, prior);
vnames = strvcat (´y´,´x1´,´x2´);
prt_panel (result1, vnames);

prior2.rval = 5; % heterosedastic model
prior2.model = 1; % model with fixed effects for regions only
% add outliers to y
youtlier = reshape (y, n, t);
youtlier (:, 5) = youtlier (:, 5) + 10;
youtlier (:, 6) = youtlier (:, 6) + 10;
yvec = vec (youtlier);
result2 = ols_panel_FE_g (yvec, x, t, ndraw, nomit, prior2);
prt_panel (result2, vnames);
vmean = result2.vmean;
tt = 1: n * t;
plot (tt, vmean);
ylabel (´v_{it} estimates´);
xlabel (´n \times t observations´);

prior3.novi_flag = 1;          % homoscedastic model v_{it} = 1
prior3.beta = ones (2, 1) * 0.5;    % prior means for beta
prior3.bcov = eye (2) * 0.001;       % prior variances for beta
prior3.nu = 0.1;                % IG (a, b) a-value uninformative
prior3.d0 = 0.1;                % IG (a, b) b-value uninformative
result3 = ols_panel_FE_g (y, x, t, ndraw, nomit, prior3);
prt_panel (result3, vnames);
```

调用函数的同时,必须指定 MCMC 抽样次数(draws)以及 MATLAB 结构变量先验值(prior)。可以通过后者的字段输入多个选项,如 prior.novi_flag=1,在估计过程中将消除方差标量即将所有 ν_i 指定为 1。字段 .model=0, 1, 2, 3 允许在四种模型中进行选择：0 对应无固定效应模型，1 对应区域（空间）固定效应模型，2 对应时间固定效应模型，3 对应区域（空间）—时间双固定效应模型。

上述命令中，第一次调用估计函数是对双固定效应模型（prior.model=3）进行同方差估计（prior.novi_flag=1）。

第二次调用中，使用的 y 向量包含异常值（$t=5$ 和 $t=6$ 两个时期所有的 N 个观测值），相应是对区域固定效应模型（prior2.model=1）进行稳健/异方差估计（prior2.rval=5）。

最后一次调用中为参数 β 输入先验均值和方差。具体而言，我们将 β_1, β_2 的先验均值都设为 0.5，先验方差都设为 0.001，这意味着先验标准差为 0.0316（$\sqrt{0.001}=0.0316$），这种设置应该使得这些参数的估计值极大地偏向其先验均值。对于 σ^2，我们采用的是无信息先验（uninformative prior），$IG(a, b)$，当 $a\to0$，$b\to0$ 时，对应的是对于这个参数没有任何先验信息。

运行文件 ols_panel_FE_gd.m，将有输出结果。我们可以看到第一组同方差估计结果中，β 和 σ^2 的估计值与生成 y 向量的参数真值十分接近。

第二组估计中，我们为 y 向量引入异常值，即给第 5 和第 6 两个时期所有的 N 个观测值的原始 y 真值加上 10，估计了仅包含区域固定效应的模型。图 1.1 为 ν_{ii} 的估计值散点图，可以清楚地看到第 5 和第 6 两个时期存在异常值。β_1, β_2 的估计值依旧与它们的真值 1 十分接近，因为在异常值或者方差（估计的）较大的观测值估计中以 $1/\nu_i$ 进行降权。直接的结果是在估计 β_1, β_2 时，这些异常观测值被赋予的权重只是其他观测值权重的 1/3。具体地，$\hat{\beta}=(X'V^{-1}X)^{-1}X'V^{-1}y$，其中 $NT\times NT$ 维方阵 V 的主对角线元素正是图 1.1 中这些点的取值。

printed output from: ols_panel_gd.m①

Homoscedastic model
MCMC OLS model with both region and time period fixed effects
Dependent Variable = y
R-squared = 0.3800
corr-squared = 0.2904
sigma^2 = 4.3532
Nobs, Nvar, #FE = 2000, 2, 210

---

① 译者重新运行了该文件，结果为重新运行的结果。由于存在随机数问题，与原文的估计有些许差异，但不影响正文。

log-likelihood = −4306.9634
prior rvalue = 0
total time in secs = 0.2960
ndraws, nomit = 2500, 500
time for MCMC draws = 0.1740
****

Variable	Coefficient	Asymptot t-stat	z-probability
x1	0.965422	19.191054	0.000000
x2	1.021364	20.686742	0.000000

Heteroscedastic model
MCMC OLS model with region fixed effects
Dependent Variable = y
R-squared = 0.1091
corr-squared = 0.0766
sigma^2 = 14.3289
Nobs, Nvar, #FE = 2000, 2, 200
log-likelihood = −5936.6032
prior rvalue = 5
total time in secs = 1.3150
ndraws, nomit = 2500, 500
time for MCMC draws = 1.3050
****

Variable	Coefficient	Asymptot t-stat	z-probability
x1	0.907880	8.647284	0.000000
x2	1.022776	9.983947	0.000000

Homoscedastic model
MCMC OLS model with region fixed effects
Dependent Variable = y
R-squared = 0.3388
corr-squared = 0.2891
sigma^2 = 4.6386
Nobs, Nvar, #FE = 2000, 2, 200
log-likelihood = −4371.282
prior rvalue = 0

```
total time in secs =  0.1310
ndraws, nomit = 2500, 500
time for MCMC draws = 0.1210
* * * * * * * * * * * * * * * * * * * * * * * * * * * * *
    Variable        Prior Mean          Std Deviation
      x1             0.500000              0.031623
      x2             0.500000              0.031623

* * * * * * * * * * * * * * * * * * * * * * * * * * * * *
    Variable       Coefficient      Asymptot t-stat      z-probability
      x1            0.627974          22.956157            0.000000
      x2            0.648852          23.716046            0.000000
```

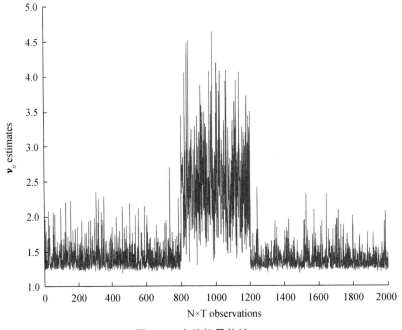

图 1.1　方差标量估计 v_{it}

最后一组估计为参数 β_1，β_2 指定了先验均值和方差—协方差对角线矩阵，其中先验均值都设为 0.5，先验标准差设为 0.0316。正如估计结果所示，由于先验标准差相对先验均值而言非常小，这种设置将使得这些参数的后验均值极大地偏向其先验均值。当然，这也意味着，如果用户严格地引入先验值（通过指定小的先验方差），那么应该使用好的先验信息。

ols_panel_gd2.m 文件演示了如何复原固定效应估计值并输出或者绘制相关结果。

对于空间数据样本，所绘制的图表也可以提供相关信息。prior.fe＝1 控制了固定效应估计值的输出。

```
% file ols_panel_gd2.m demo file2
clear all;
n = 200;
t = 10;

k = 2;
x = randn (n * t, k);
beta = ones (k, 1);
sige = 0.1;
evec = randn (n * t, 1) * sqrt (sige);

tts = (1: n) * (1/n);
SFE = kron (ones (t, 1), tts');
ttt = (1: t) * (1/t);
TFE = kron (ttt', ones (n, 1));

y = (x * beta + SFE + TFE + evec);

ndraw = 2500;
nomit = 500;
prior.novi_flag = 1; % homoscedastic model v_{it} = 1
prior.model = 3; % model with fixed effects for regions and time period
prior.fe = 1;
result1 = ols_panel_FE_g (y, x, t, ndraw, nomit, prior);
vnames = strvcat ('y', 'x1', 'x2');
prt_panel (result1, vnames);

tt = 1: n;
subplot (2, 1, 1),
plot (tt, 0.5 * result1.con + result1.sfe, 'o', tt, tts, '+');
xlabel ('N \times T observations');
ylabel ('region-specific FE');
legend ('estimated', 'true');
subplot (2, 1, 2),
```

```
tt = 1 : t;
plot (tt, 0.5 * result1. con + result1. tfe,´o´, tt, ttt,´+´);
xlabel (´N \ times T observations´);
ylabel (´time - specific FE´);
legend (´estimated´,´true´);
```

输出结果如下，包括 N=200 个区域中的 10 个区域（篇幅所限）以及所有 T=10 个时期。由于还存在一个整体的截距项，因此所有 result1.sfe 和 result1.tfe 的和为 0。

Mean intercept, region and time period fixed effects

Variable	Coefficient	Asymptot t-stat	z-probability
intercept	1.040154	2.566931	0.010260
sfe 1	-0.455189	-0.092183	0.926553
sfe 2	-0.565693	-0.053710	0.957166
sfe 3	-0.425535	-0.047902	0.961794
sfe 4	-0.582764	-0.216638	0.828490
sfe 5	-0.458958	-0.096697	0.922967
sfe 6	-0.435802	-0.118929	0.905332
sfe 7	-0.498568	-0.836985	0.402601
sfe 8	-0.455206	-0.120829	0.903827
sfe 9	-0.455000	-0.037978	0.969705
sfe 10	-0.463520	-0.072264	0.942392
tfe 1	-0.455991	-0.962965	0.335565
tfe 2	-0.334425	-0.479237	0.631770
tfe 3	-0.244255	-0.273295	0.784626
tfe 4	-0.139376	-0.254546	0.799074
tfe 5	-0.029841	-0.013626	0.989128
tfe 6	0.058836	0.049918	0.960188
tfe 7	0.138214	0.292412	0.769972
tfe 8	0.246020	0.230037	0.818063
tfe 9	0.313945	0.214584	0.830092
tfe 10	0.446873	1.645734	0.099819

图 1.2 绘制了真实的空间固定效应（SFE）和时间固定效应（TFE）的估计值。笔者将常数项的一半分别加到空间固定效应和时间固定效应。效应的估计值与生成数据的真实效应非常接近。t 统计量及 p 值的输出用到了 J. P. Elhorst 所提供的函数中的代码，但结果不太正确。作为核验，笔者基于余下的[①]抽样生成了 MCMC 估计，结果发现与上述 t 统计量的输出结果相反的是，效应的估计值非常显著。

---

① "余下的"即剔除预烧期后的抽样。——译者注

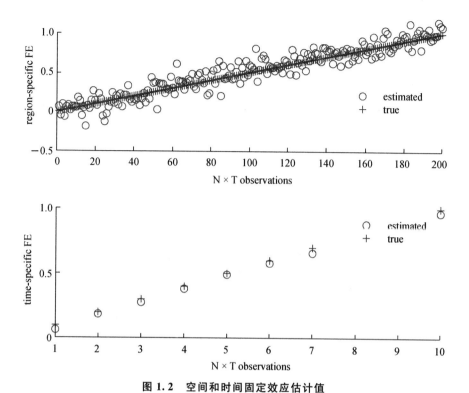

图1.2 空间和时间固定效应估计值

结果的打印输出中,有一个添加区域和时间标签的选项。给定一个包含区域名称的字符串向量和另一个包含时间段标签的字符串向量,调用函数 *prt_panel*(*results*,*vnames*,*snames*,*tnames*,*filename*),则会将这些标签添加到输出结果中。此外,还有一个以文件形式输出结果的选项。两者都在下面的代码片段中进行了演示。

```
filename = ´output.txt´;
snames = [];
for i = 1: n
snames = strvcat (snames, [´region´ num2str (i) ] );
end
tnames = [];
for i = 1: t
tnames = strvcat (tnames, [´time´ num2str (i) ] );
end
prt_panel (results, vnames, snames, tnames, filename);
```

Mean intercept, region and time period fixed effects

Variable   Coefficient   Asymptot t-stat   z-probability

intercept	1.040154	2.566931	0.010260
region1	-0.455189	-0.092183	0.926553
region2	-0.565693	-0.053710	0.957166
region3	-0.425535	-0.047902	0.961794
region4	-0.582764	-0.216638	0.828490
region5	-0.458958	-0.096697	0.922967
region6	-0.435802	-0.118929	0.905332
region7	-0.498568	-0.836985	0.402601
region8	-0.455206	-0.120829	0.903827
region9	-0.455000	-0.037978	0.969705
region10	-0.463520	-0.072264	0.942392
time1	-0.455991	-0.962965	0.335565
time2	-0.334425	-0.479237	0.631770
time3	-0.244255	-0.273295	0.784626
time4	-0.139376	-0.254546	0.799074
time5	-0.029841	-0.013626	0.989128
time6	0.058836	0.049918	0.960188
time7	0.138214	0.292412	0.769972
time8	0.246020	0.230037	0.818063
time9	0.313945	0.214584	0.830092
time10	0.446873	1.645734	0.099819

1.3 *sar_panel_FE*（），*sar_panel_FE_g*（）

函数 *sar_panel_FE*（）生成的是最大似然（ML）估计，*sar_panel_FE_g*（）生成的则是 MCMC 估计，并允许为待估的参数和方差标量指定贝叶斯先验分布。这些在 *ols_panel_FE_g*（）函数的演示中已经作出说明。

ML 估计采用的是 J. P. Elhorst 的代码，其估计结果应该与不指定任何先验信息的 MCMC 估计结果一样。需要注意的一点是，ML 基于 Hessian 矩阵的解析解或数值解来估计标准差，对于缩放不良的样本数据（poorly scaled sample data），这种估计可能不够准确，而 MCMC 并不采用这种方法来估计参数的离散程度。如果 ML 和 MCMC 估计之间存在差异，则应该依赖后者，因为后者更准确。

对于 ML 估计函数，可选项包括 info.model＝0，1，2，3，与 *ols_panel_FE_g*（）函数相似，可以选择各种不同的固定效应模型。类似地，也可以选择输出固定效应估计结果（*info.fe* ＝1），或者给各区域和时期添加标签（如果希望的话）。

sar_panel_FE_g（）函数生成空间自回归（SAR）模型（式 1.5）的 MCMC 估计结果，其中 y 是 $N×T$ 维的被解释变量，数据的排列呈现如下规律：N 个地区 $t=1$ 期的取值在最上边，其次按 $t=2,3,\cdots,T$ 期依次罗列 N 个地区的相应取值。

$NT \times k$ 维的解释变量 X 也是依照这个规律排列。此外，与 ols_panel_FE_g () 函数类似，我们为模型引入了固定效应。

$$y = \rho W y + X\beta + \iota_T \otimes \mu + \upsilon \otimes \iota_N + \varepsilon \tag{1.5}$$

$$\varepsilon \sim N(0_{NT}, \sigma^2 V)$$

$$V = \begin{pmatrix} \nu_1 & 0 & \cdots & 0 \\ 0 & \nu_2 & \cdots & 0 \\ \vdots & & \ddots & \vdots \\ 0 & \cdots & 0 & \nu_{NT} \end{pmatrix}$$

$$\pi(\beta) \sim N(c, C) \tag{1.6}$$

$$\pi(\gamma/\nu_i) \sim iid\chi^2(\gamma), \quad i = 1, \cdots, NT \tag{1.7}$$

$$\pi(\sigma^2) \sim IG(a, b) \tag{1.8}$$

$$\pi(\rho) \sim U(1/\lambda_{min}, 1/\lambda_{max}) \tag{1.9}$$

与 ML 估计函数一个很大的不同之处在于，用户可以选择输入一个小型的 $N \times N$ 维空间权重矩阵 W，也可以选择输入一个大型的 $NT \times NT$ 维矩阵 W，后者允许各时期的空间权重矩阵不同。函数自身会根据输入情况判断具体是哪种 W 矩阵并进行正确的操作。例如，如果用户输入的是一个 $N \times N$ 维矩阵 W，函数将会帮助构造 $I_T \otimes W$①；如果输入的是一个大型的 $NT \times NT$ 维矩阵 W，函数则会直接采用它进行估计。如何利用函数的这一特点，后文将有具体演示。

以下是这个模型的一些应用示例。

1.4 运用 sar_panel_FE ()，sar_panel_FE_g () 函数

以下示例中分别生成了 ML 估计和不为任何参数指定先验分布的 MCMC 估计，以表明两种估计结果几乎相同。示例文件中也分别给 sar_panel_FE_g () 函数输入一个小型的 $N \times N$ 维权重矩阵 W，以及一个大型的 $NT \times NT$ 维矩阵 $Wbig$。（这个特征在 ML 估计函数中并不适用）

```
file: sar_panel_gd.m
clear all;
rng (10203040);
n = 200;
t = 10;

rho = 0.6;
```

---

① 原文这里有误。

```
k = 2;
x = randn (n * t, k);
beta = ones (k, 1);
sige = 1;
evec = randn (n * t, 1) * sqrt (sige);

latt = rand (n, 1);
long = rand (n, 1);

W = make_neighborsw (latt, long, 5);

Wbig = kron (eye (t), W);

% add fixed effects to the DGP
tts = (1: n) * (1/n);
SFE = kron (ones (t, 1), tts´);
ttt = (1: t) * (1/t);
TFE = kron (ttt´, ones (n, 1) );

y = (speye (n * t) - rho * Wbig) \ (x * beta + SFE + TFE + evec);

prior.model = 3;
result1 = sar_panel_FE (y, x, W, t, prior);
vnames = strvcat (´y´,´x1´,´x2´);
prt_panel (result1, vnames);

ndraw = 2500;
nomit = 500;
prior2.novi_flag = 1;
prior2.model = 3;
result2 = sar_panel_FE_g (y, x, W, t, ndraw, nomit, prior2);
prt_panel (result2, vnames);

result3 = sar_panel_FE_g (y, x, Wbig, t, ndraw, nomit, prior2);
prt_panel (result3, vnames);
```

在示例中，大的 $Wbig$ 矩阵本质上和小的 W 矩阵没有差异，因为前者是用 MAT-

LAB 克罗内克积函数生成的:$Wbig = kron(eye(t), W)$。因此,我们会看到估计结果几乎无差异。因为 MCMC 是基于模拟的估计,所以多轮运行的估计结果会略有不同。如果两轮估计的结果存在很大差异,则表明 MCMC 抽样存在收敛问题。

在示例文档中,三组估计结果都非常接近。注意到函数自动输出了直接、间接和总效应的估计。直接效应(direct effects)估计值是 LeSage 和 Pace(2009)提出的第 r 个解释变量自偏导数(own-partial derivatives)$\partial E(y_i)/\partial X_i^r$ 的标量汇总度量(scalar summaries measure)。在空间计量经济学文献中,基于这些标量汇总汇报 SAR 模型的估计结果已经非常普遍。正如 LeSage 和 Pace(2009)指出的,如果感兴趣的是解释变量的改变如何影响 y 这一结果变量(这类模型的典型兴趣点),那么输出的解释变量系数 β 的估计是没有意义的。

间接效应(indirect effects)是累积交叉偏导数(cumulative cross-partial derivatives)$\partial E(y_i)/\partial X_j^r$ 的标量汇总度量,即对所有 $j \neq i$ 的个体进行加总之后求平均。这些估计一般被认为是累积空间溢出效应的一种度量,也即其他区域解释变量的改变对于某个区域结果变量的影响,与某个区域解释变量的改变对于其他区域结果变量的影响是一样的。

```
% output from: sar_panel_gd.m file
Homoscedastic model
MaxLike SAR model with both region and time period fixed effects
Dependent Variable =        y
R-squared       =    0.8247
corr-squared    =    0.6762
sigma^2         =    0.8694
Nobs, Nvar, #FE =  2000, 3, 210
log-likelihood  =   -2794.2143
# of iterations =    20
min and max rho =   -1.0000, 1.0000
total time in secs =  0.3590
time for lndet  =    0.0580
time for MCMC draws =  0.0420
Pace and Barry, 1999 MC lndet approximation used
order for MC appr =  50
iter for MC appr =   30
***********************************************************
```

Variable	Coefficient	Asymptot t-stat	z-probability		
x1	0.984479	44.010559	0.000000		
x2	1.009949	46.059889	0.000000		
rho	0.598993	40.351442	0.000000		

Direct	Coefficient	t-stat	t-prob	lower 05	upper 95
x1	1.078746	43.002838	0.000000	1.030078	1.125375
x2	1.106949	45.300136	0.000000	1.056558	1.153570

Indirect	Coefficient	t-stat	t-prob	lower 05	upper 95
x1	1.380097	15.569507	0.000000	1.213571	1.566430
x2	1.416136	15.836093	0.000000	1.250592	1.605164

Total	Coefficient	t-stat	t-prob	lower 05	upper 95
x1	2.458843	23.559215	0.000000	2.270484	2.678459
x2	2.523085	24.223048	0.000000	2.321244	2.732605

Homoscedastic model

MCMC SAR model with both region and time period fixed effects

Dependent Variable = y

R-squared = 0.8243

corr-squared = 0.6760

sigma^2 = 0.8742

Nobs, Nvar, #FE = 2000, 2, 210

ndraw, nomit = 2500, 500

rvalue = 0

min and max rho = -1.0000, 1.0000

total time in secs = 1.3580

time for lndet = 0.0200

time for MCMC draws = 1.1450

Pace and Barry, 1999 MC lndet approximation used

order for MC appr = 50

iter for MC appr = 30

****

Variable	Coefficient	Asymptot t-stat	z-probability
x1	0.985475	43.222595	0.000000
x2	1.010456	45.690178	0.000000
rho	0.593735	40.230558	0.000000

Direct	Coefficient	t-stat	t-prob	lower 05	upper 95
x1	1.078109	41.743353	0.000000	1.027713	1.128047
x2	1.105439	43.897214	0.000000	1.056973	1.156031

Indirect	Coefficient	t-stat	t-prob	lower 05	upper 95
x1	1.350795	15.430958	0.000000	1.191169	1.527901
x2	1.385044	15.498397	0.000000	1.224448	1.569000

Total	Coefficient	t-stat	t-prob	lower 05	upper 95
x1	2.428904	23.175083	0.000000	2.234755	2.640351
x2	2.490483	23.467536	0.000000	2.292809	2.705577

Homoscedastic model

MCMC SAR model with both region and time period fixed effects

Dependent Variable = y

R-squared = 0.8244

corr-squared = 0.6760

sigma^2 = 0.8726

Nobs, Nvar, #FE = 2000, 2, 210

ndraw, nomit = 2500, 500

rvalue = 0

min and max rho = -1.0000, 1.0000

total time in secs = 1.1620

time for lndet = 0.0270

time for MCMC draws = 0.9950

Pace and Barry, 1999 MC lndet approximation used

order for MC appr = 50

iter for MC appr = 30

* *

Variable	Coefficient	Asymptot t-stat	z-probability
x1	0.984530	43.722267	0.000000
x2	1.010846	46.704967	0.000000
rho	0.595268	40.135865	0.000000

Direct	Coefficient	t-stat	t-prob	lower 05	upper 95
x1	1.077774	41.992070	0.000000	1.027485	1.127829
x2	1.106584	44.473910	0.000000	1.058523	1.156157

Indirect	Coefficient	t-stat	t-prob	lower 05	upper 95
x1	1.358074	15.314359	0.000000	1.189010	1.536980
x2	1.394397	15.369981	0.000000	1.221030	1.577469

Total	Coefficient	t-stat	t-prob	lower 05	upper 95
x1	2.435848	22.972530	0.000000	2.228955	2.647108
x2	2.500981	23.250743	0.000000	2.295248	2.713614

工具箱中所有的函数都有对应的说明文档（documentation），在 MATLAB 的命令窗口输入"help sar_panel_FE_g"便会展示出来。输出文档如下，其中描述了有关 prior 结构变量输入选项的使用信息，以及 results 结构变量返回的字段。估计函数除了返回参数 β, ρ, σ^2 的 MCMC 抽样结果外，也会返回直接、间接和总效应的 MCMC 抽样结果。除此之外，函数还会返回一个 $nvar \times 5$ 的矩阵，内含效应估计的后验均值、计算出来的 t 统计量及对应的 p 值、90% 置信区间（lower 0.05 and upper 0.95 credible intervals）。这些标量汇总效应估计的相关统计量是基于 MCMC 的保留抽样（ndraw-nomit）得到的。例如，直接效应（对于每一个解释变量）的抽样均值和抽样标准差用于构造 t 统计量，并进一步用于查找相应的概率值。置信区间的上下限（上下边界）也是基于 MCMC 抽样得到的。给定 10,000 次 MCMC 抽样，从低到高排序后，90% 置信区间的下限（lower 0.05）取决于第 500 个取值，上限（upper 0.95）取决于第 9,500 个取值。

```
>> help sar_panel_FE_g
    PURPOSE: MCMC SAR model estimates for static spatial panels
             (N regions * T time periods) with spatial fixed effects (sfe)
             and/or time period fixed effects (tfe)
             y = rho * W * y + X * b + sfe (optional) + tfe (optional) + e,
             e = N (0, sige * V),
             V = diag (v_1, v_2, ...v_N * T), r/vi = ID chi (r) /r, r = 5 (default)
             b = N (c, C), default c = 0, C = eye (k) * 1e + 12
             sige = gamma (nu, d0), default nu = 0, d0 = 0
             no prior for rho
Supply data sorted first by time and then by spatial units, so first region 1,
region 2, et cetera, in the first year, then region 1, region 2, et
cetera in the second year, and so on
sar_panel_FE_g transforms y and x to deviation of the spatial and/or time means
-----------------------------------------------------------------------------------
    USAGE: results = sar_panel_FE_g (y, x, W, T, ndraw, nomit, prior)
```

第一章 概述

where: y = N * T x 1 dependent variable vector

x = N * T x k independent variables matrix

W = spatial weights matrix (standardized)

N. B. W-matrix can be N * T x N * T or N x N

T = number of points in time

prior = a structure variable with input options:

prior.novi_flag = 1, for e = N (0, sige * I), homoscedastic model

= 0, for e = N (0, sige * V), heteroscedastic model

sets V = diag (v_1, v_2, ···v_N * T), rval/vi = ID chi (rval) /rval, rval = 5 (default)

prior.rval = rval, r prior hyperparameter, default = 5

prior.model = 0 pooled model without fixed effects (default, x may contain an intercept)

= 1 spatial fixed effects (x may not contain an intercept)

= 2 time period fixed effects (x may not contain an intercept)

= 3 spatial and time period fixed effects (x may not contain an intercept)

prior.fe = report fixed effects and their t-values in prt_panel

(default = 0 = not reported; prior.fe = 1 = report)

prior.beta, prior means for beta, b (default (k x 1) vector = 0)

priov.bcov, prior beta covariance, C above (default eye (k) * 1e + 12)

prior.rval, rval prior hyperparameter, default = 4

prior.nu, informative Gamma (nu, d0) prior on sige

prior.d0 informative Gamma (nu, d0) prior on sige

default for above: nu = 0, d0 = 0 (diffuse prior)

prior.rmin = (optional) minimum value of rho to use in search

prior.rmax = (optional) maximum value of rho to use in search

prior.lflag = 0 for full lndet computation (default = 1, fastest)

= 1 for MC lndet approximation (fast for very large problems)

= 2 for Spline lndet approximation (medium speed)

prior.order = order to use with info. lflag = 1 option (default = 50)

prior.iter = iterations to use with info. lflag = 1 option (default = 30)

prior.lndet = a matrix returned in results.lndet containing log-determinant information to save time

----

RETURNS: a structure

results.meth = 'sarsfe_g' if prior.model = 1

= 'sartfe_g' if prior.model = 2

= 'sarstfe_g' if prior.model = 3

```
results.beta  = bhat
results.rho   = rho
results.bdraw = (ndraw-nomit) xk matrix of MCMC draws for beta
results.pdraw = (ndraw-nomit) x1 vector of MCMC draws for rho
results.vmean = N*T x 1 vector of v_{it} means
results.sdraw = (ndraw-nomit) x1 vector of MCMC draws for sige
results.bmean = b prior means (prior.beta from input)
results.bstd  = b prior std deviation, sqrt(diag(prior.bcov))
results.nu    = prior nu-value for sige prior (default = 0)
results.d0    = prior d0-value for sige prior (default = 0)
results.iprior = 1 for informative prior on beta,
               = 0 for default no prior on beta
results.direct   = nvar x 5 matrix with direct effect, t-stat, t-prob, lower05, upper95
results.indirect = nvar x 5 matrix with indirect effect, t-stat, t-prob, lower05, upper95
results.total    = nvar x 5 matrix with total effect, t-stat, t-prob, lower05, upper95
results.direct_draws   = ndraw x nvar matrix of direct effect draws
results.indirect_draws = ndraw x nvar matrix of indirect effect draws
results.total_draws    = ndraw x nvar matrix of total effect draws
results.cov = asymptotic variance - covariance matrix of the parameters b (eta) and rho
results.tstat = asymp t-stat (last entry is rho = spatial autoregressive coefficient)
results.yhat  = [inv(y-p*W)] * [x*b + fixed effects] (according to prediction formula)
results.resid = y - p*W*y - x*b
results.sige  = (y-p*W*y-x*b)' * (y-p*W*y-x*b) /n
results.rsqr  = rsquared
results.corr2 = goodness-of-fit between actual and fitted values
results.sfe   = spatial fixed effects (if prior.model = 1 or 3)
results.tfe   = time period fixed effects (if prior.model = 2 or 3)
results.tsfe  = t-values spatial fixed effects (if prior.model = 1 or 3)
results.ttfe  = t-values time period fixed effects (if prior.model = 2 or 3)
results.con   = intercept
results.con   = t-value intercept
results.lik   = log likelihood
results.nobs  = # of observations
results.nvar  = # of explanatory variables in x
results.tnvar = # fixed effects
```

```
results.iter    = # of iterations taken
results.rmax    = 1/max eigenvalue of W (or rmax if input)
results.rmin    = 1/min eigenvalue of W (or rmin if input)
results.lflag   = lflag from input
results.fe      = fe from input
results.liter   = info.iter option from input
results.order   = info.order option from input
results.limit   = matrix of [rho lower95, logdet approx, upper95] intervals
                  for the case of lflag = 1
results.time1   = time for log determinant calcluation
results.time2   = time for eigenvalue calculation
results.time4   = time for MCMC sampling
results.time    = total time taken
results.lndet   = a matrix containing log-determinant information
                  (for use in later function calls to save time)
```

```
NOTES: if you use lflag = 1 or 2, info.rmin will be set = -1
                                  info.rmax will be set = 1
       You should use lflag = 0 to get exact results,
       Fixed effects and their t-values are calculated as the deviation
       from the mean intercept
```

对于在面板数据中允许每个时期采用不同空间权重矩阵的功能，我们在下面的示例中进行了说明。此示例旨在提醒用户，在模型设定中允许不同时期采用不同的空间权重矩阵可能出现的问题。

该示例生成了两个权重矩阵 W，一个基于最近 10 个邻居构造，另一个则基于最近 3 个邻居构造。两者都是基于同样的随机经纬度向量，用笔者的工具箱中的 *make_neighborsw*() 函数构造的。工具箱中的另一个函数 *blockdiag*()，则是用于将上述两个 W 矩阵置于一个更大的 $Wtime$ 矩阵的主对角线，对应面板数据集的 6 个时期。两个 W 矩阵依次交替，即 $Wtime$ 反映的是第一期有 10 个邻居，第二期有 3 个邻居，依次共六期。

利用这个时变的空间权重矩阵 $Wtime$，程序先生成了一个 y 变量，之后调用估计函数并输入 $Wtime$ 得到相应的估计值。

prt_panel() 函数默认输出系数以及直接、间接、总效应的标量汇总估计。

示例程序还基于真实的参数 β，ρ 而非标量汇总效应（scalar summary effects）估计，计算了个体层面效应（observation-level effects）的估计值。LeSage 和 Pace（2009）认为，可以用主对角线元素的平均值来总结 $N \times N$ 维偏导数矩阵（matrix of partial derivatives）（在横截面模型的情况下），以生成自偏导数的标量汇总度量（直接效应）。他们还认为，可以使用 $N \times N$ 维偏导数矩阵的累积非对角线元素的平均值来计算交叉偏导数的标量汇总估计（间接效应）。

Elhorst（2014）认为，针对一个静态面板数据模型，用 NT 个观测值去估计一组参数 β，ρ，并且各个时期重复采用一个小的 $N \times N$ 维 W 矩阵，LeSage 和 Pace（2009）的标量汇总效应则是有效的。个体层面的偏导数是一个 $NT \times NT$ 维矩阵 $(I_{NT} - \rho(I_T \otimes W))^{-1} I_{NT} \beta$，在这种情况下，$W$ 矩阵并不会随时间发生改变。

但是，在 $Wtime$ 矩阵随时间发生改变的情况下，我们应该考察 $NT \times NT$ 维矩阵 $(I_{NT} - \rho Wtime)^{-1} I_{NT} \beta$ 中的个体层面效应，即基于 LeSage 和 Pace（2009）的提议，将主对角线元素均值作为直接效应，将非主对角线元素加和的均值作为间接效应，并将其与标量汇总估计进行比较。

以下代码片段以 LeSage 和 Pace（2009）提议的方式计算了标量汇总估计（只针对 x_1 变量）以及个体层面效应，其中总效应为 NT 行的加总，直接效应为 $NT \times NT$ 维偏导数矩阵的主对角元素，间接效应为上述两个 $NT \times 1$ 向量的差值，即间接效应＝总效应－直接效应。

```
% code snippet taken from sar_panel_gd2.m file
% calculate true observation-level effects estimates (for x1 variable only)
% and scalar summary effects estimates
V = (speye (n*t) - rho*Wtime) \ speye (n*t);
bmat = eye (n*t) * beta (1);        % (for x1 variable only)
total = sum (V*bmat, 2);            % Observation-level true values
direct = diag (V*bmat);             % Observation-level true values
indirect = total-direct;            % Observation-level true values
direct_mean = mean (direct);        % Scalar summary true values
indirect_mean = mean (indirect);    % Scalar summary true values
total_mean = mean (total);          % Scalar summary true values
[direct_mean indirect_mean total_mean]% displays the true scalar summaries

% sar_panel_gd2 demo file
clear all;
rng (10203444);

n = 200;
```

```
t = 6;

rho = 0.7;
k = 2;
x = randn (n * t, k);
beta = ones (k, 1);
sige = 1;
evec = randn (n * t, 1) * sqrt (sige);

latt = rand (n, 1);
long = rand (n, 1);

W1 = make_neighborsw (latt, long, 10);
W2 = make_neighborsw (latt, long, 3);

Wtime = blockdiag (W1, W2, W1, W2, W1, W2);

% add fixed effects to the DGP
tts = (1: n) * (1/n);
SFE = kron (ones (t, 1), tts´);
ttt = (1: t) * (1/t);
TFE = kron (ttt´, ones (n, 1) );

y = (speye (n * t) - rho * Wtime) \ (x * beta + SFE + TFE + evec);

% calculate true observation-level effects estimates (for x1① variable only)
% and scalar summary effects estimates
V = (speye (n * t) - rho * Wtime) \ speye (n * t);
bmat = eye (n * t) * beta (1);           % (for x1 variable only)
total = sum (V * bmat, 2);                % Observation-level true values
direct = diag (V * bmat);                 % Observation-level true values
indirect = total-direct;                  % Observation-level true values
direct_mean = mean (direct);              % Scalar summary true values
indirect_mean = mean (indirect);          % Scalar summary true values
total_mean = mean (total);                % Scalar summary true values
```

---

① 原文有误。

```
[direct_mean indirect_mean total_mean]

ndraw = 2500;
nomit = 500;
info.novi_flag = 1;
info.model = 3;

result1 = sar_panel_FE_g (y, x, Wtime, t, ndraw, nomit, info);
prt_panel (result1);
% posterior mean estimates based on MCMC draws
rho = result1.rho;
beta = result1.beta (1, 1);

V = (speye (n*t) - rho*Wtime) \ speye (n*t);
bmat = eye (n*t) * beta (1);       % (for x1 variable only)
total2 = sum (V*bmat, 2);           % Observation-level estimates
direct2 = diag (V*bmat);            % Observation-level estimates
indirect2 = total2 - direct2;       % Observation-level estimates
direct_mean = mean (direct2);       % Scalar summary estimates
indirect_mean = mean (indirect2);   % Scalar summary estimates
total_mean = mean (total2);         % Scalar summary estimates

tt = 1: n*t;
subplot (2, 1, 1),
plot (tt, direct,´.b´, tt, direct2,´.r´);
legend (´true´,´estimate´);
xlabel (´observation-level direct effects´);
subplot (2, 1, 2),
plot (tt, indirect,´.b´, tt, indirect2,´.r´);
legend (´true´,´estimate´);
xlabel (´observation-level indirect effects´);
```

以下给出的估计结果中，正如输出所示，首先基于参数 β，ρ 的真实值计算了标量汇总估计，这是一道合理的程序①。直接、间接和总效应的标量汇总估计的真实值

---

① 对于理解估计过程以及判断估计函数准确性而言。——译者注

分别为 1.1669、2.1664 和 3.3333。标量汇总估计的估计值则分别为 1.1854、2.1127 和 3.2981。(当然，因为变量 x_2 的系数 β_2 与 β_1 取值一样，所以 x_2 的直接、间接和总效应应该与 x_1 一样)

```
>> output from: sar_panel_gd2
% true scalar summary direct, indirect, total effects
direct      indirect    total
1.1669      2.1664      3.3333


Homoscedastic model
MCMC SAR model with both region and time period fixed effects
R-squared = 0.8774
corr-squared = 0.6608
sigma^2 = 0.9189
Nobs, Nvar, #FE = 1200, 2, 206
ndraw, nomit = 2500, 500
rvalue = 0
min and max rho = -1.0000, 1.0000
total time in secs = 1.2780
time for lndet = 0.0260
time for MCMC draws = 1.0520
Pace and Barry, 1999 MC lndet approximation used
order for MC appr = 50
iter for MC appr = 30
*************************************************
```

Variable	Coefficient	Asymptot t-stat	z-probability		
variable 1	1.022800	32.036979	0.000000		
variable 2	0.994902	34.254267	0.000000		
rho	0.689075	43.819695	0.000000		

Direct	Coefficient	t-stat	t-prob	lower 05	upper 95
variable 1	1.185391	29.989935	0.000000	1.108712	1.264369
variable 2	1.153038	32.377203	0.000000	1.083251	1.222753

Indirect	Coefficient	t-stat	t-prob	lower 05	upper 95
variable 1	2.112722	12.454978	0.000000	1.806681	2.454282
variable 2	2.054856	12.851577	0.000000	1.751417	2.373588

	Total	Coefficient	t-stat	t-prob	lower 05	upper 95
variable 1		3.298113	16.579918	0.000000	2.938570	3.702934
variable 2		3.207894	17.315650	0.000000	2.848126	3.571280

图 1.3 汇报了个体层面直接和间接效应的真实值以及估计值，结果显示 W 矩阵随时间改变造成了明显的影响。6 个时段中，从最近 10 个邻居到最近 3 个邻居的变化造成了个体层面效应估计各不相同。相对于只拥有 3 个邻居的时期，拥有 10 个邻居的时期溢出（间接）效应更大。

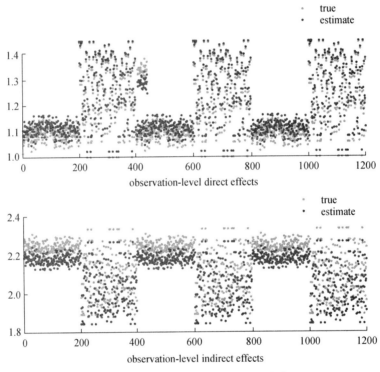

图 1.3　变量 x_1 的个体层面效应估计

应该采用 LeSage 和 Pace（2009）提出的标量汇总估计，对取值高低不同的个体层面估计进行平均。一个必须要思考的问题是，对于 x_1 变量的变化对因变量的偏导数性质的影响，用户是否能仅通过查看输出的标量汇总估计得出有效的结论。依赖标量汇总估计明显地将会掩盖直接和间接效应随时间发生的变化，这些变化对于分析空间回归关系可能具有实质性意义。

从个体层面直接和间接效应的散点图中，我们还可以发现另外一个特点，即系数 β，ρ 的估计偏误将会被偏导数的非线性性质放大，这涉及一个无穷序列的展开：$(I_{NT} - \rho Wtime)^{-1} = I_{NT} + \rho Wtime + \rho^2 Wtime^2 + \cdots$。间接效应的放大更明显，因为间接效应依赖于多个矩阵幂次，包括 $Wtime$，$Wtime^2$，$Wtime^3$ 等的所有非对角线元素的累积。

考虑到我们有参数 β, ρ 的 MCMC 抽样结果,对于图 1.3 的个体层面估计,我们可以利用这些抽样结果估计相应的标准差或者 0.05 和 0.95 分位数,进而可以回答这样一个问题:对于有不同的权重矩阵(基于最近 10 个邻居或者最近 3 个邻居)的不同时段,效应估计是否存在显著差异。

以下代码片段出自 sar_panel_gd3.m 文件。我们对 ndraw-nomit=2000 个 MCMC 抽样进行循环,用参数 β, ρ 所有的抽样结果计算了 $2000 \times N \times T$ 组直接和间接效应估计值。在此基础上,我们用工具箱中的 $plims$ ( ) 函数查找下 0.05、上 0.95 和 0.5 分位数。

```
% code snippet taken from sar_panel_gd3.m file
% calculate mean and 0.05, 0.95 intervals for the effects estimates
% using 2000 MCMC draws

total2 = zeros (ndraw-nomit, n*t);
direct2 = zeros (ndraw-nomit, n*t);
indirect2 = zeros (ndraw-nomit, n*t);

for iter = 1: ndraw-nomit
rho = result1.pdraw (iter, 1);
beta = result1.bdraw (iter, 1);

V = (speye (n*t) - rho*Wtime) \ speye (n*t);
bmat = eye (n*t) * beta (1);
total2 (iter,:) = (sum (V*bmat, 2) )´;
direct2 (iter,:) = diag (V*bmat);
indirect2 (iter,:) = (total2 (iter,:) - direct2 (iter,:) )´;
end

direct_int = plims (direct2);
indirect_int = plims (indirect2);
% plims returns an n*t x 5 matrix with
% p quantiles from columns of direct2
% p = [0.005, 0.025, 0.5, 0.975, 0.995];

tt = 1: 2*n;
```

```
subplot (2, 1, 1),
    plot (tt, direct (tt, 1),´.b´, tt, direct_int (tt, 3),´.r´, tt, direct_int (tt, 2),´-g´, tt, direct_int (tt, 4),´-g´);
    legend (´true´,´estimate´,´upper0.95´,´lower0.05´);
    xlabel (´observation-level direct effects´);
subplot (2, 1, 2),
    plot (tt, indirect (tt, 1),´.b´, tt, indirect_int (tt, 3),´.r´, tt, indirect_int (tt, 2),´-g´, tt, indirect_int (tt, 4),´-g´);
    legend (´true´,´estimate´,´upper0.95´,´lower0.05´);
    xlabel (´observation-level indirect effects´);
```

图1.4展示了前400个观测值，即前两个时期对应的直接和间接效应的中位数以及下0.05和上0.95边界。这样处理是为了更清楚地呈现估计结果。

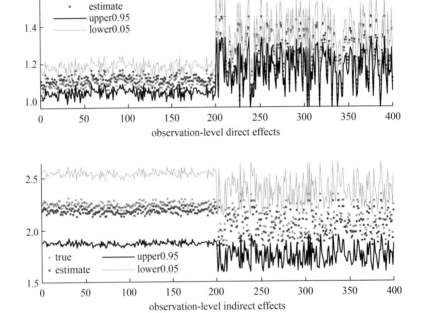

图1.4 包括下0.05和上0.95边界的个体层面效应

从图1.4可以看出，第一个时段（基于10个邻居的权重矩阵）和第二个时段（基于3个邻居的权重矩阵）之间，直接和间接效应都存在差异，并且这种差异在统计上是显著的。之所以有这样的结论，是因为第二个时段直接效应的下0.05边界在第一个时段直接效应的上0.95边界之上。此外，对于间接效应也类似，第二个时段的上0.95边界在第一个时段多数间接效应估计值之上。

这些分析结果表明，我们不能依赖在所有时段都保持一致的标量汇总估计，因为空间权重矩阵在不同时段存在差异将导致直接和间接效应均会发生显著的变化。考虑到这里给出的结果，什么才是有效的处理方式呢？可能我们需要展示两组标量汇总度量。第一组将 1 年、3 年、5 年的个体层面效应进行平均，得到关于直接、间接和总效应的标量汇总估计。第二组标量汇总估计也按类似方式处理，即对 2 年、4 年、6 年的个体层面效应进行平均。关于我们感兴趣的关系，这两组估计能清楚地提供推论，该推论更接近估计结果的真实性质及其所暗示的关系。

1.5　本章小结

我们概述了工具箱面板数据部分所包含的两个模型估计函数。除了这些模型设定的数学描述，还提供了使用函数为 OLS 和 SAR 模型生成参数估计的示例。

工具箱中所有函数的输入选项都是一致的，包括选择时间或者空间固定效应模型，选择稳健/异方差估计或者同方差估计，为参数 β 指定贝叶斯正态先验均值和方差或者方差—协方差结构，为干扰项（扰动项）方差参数 σ^2 指定反伽马（inverse-gamma）先验参数。

笔者推荐采用稳健/异方差估计，这些估计方式可以避免空间和时间上的异常值或者异方差问题。这是最大似然估计无法做到的。

我们也演示了 SAR 模型的 MCMC 估计函数（*sar_panel_FE_g*（））所具有的一个特点，即允许用户输入在面板数据集中随时间变化的空间权重矩阵。笔者以往关于空间回归模型的应用研究中，经常会遇到审稿人质疑静态面板空间回归模型。但是，审稿人对于上述模型设定方式（即允许 W 时变）带来的潜在挑战可能还不够清楚。

为了演示这些问题，我们展示了如何基于一组 MCMC 抽样生成个体层面效应估计，这些估计与工具箱中的 *prt_panel*（）函数输出的直接、间接和总效应的标量汇总估计可以进行对比。*prt_panel*（）需要输入估计函数所返回的 MATLAB 结构变量，这些结构变量可以按用户的意愿命名，比如：

president_trump = sar_panel_FE_g (y, x, W, ndraw, nomit, prior);
prt_panel (president_trump)

另外，选择直观的名称可能比较有意义，比如 results1，results2 等。类似地，输入的结构变量也可以任意取名，笔者就采用了一个名为 *prior* 的结构变量。在上面的例子中笔者是这样使用的：

info. novi_flag = 1;
info. model = 3;
result1 = sar_panel_FE_g (y, x, Wtime, t, ndraw, nomit, info);

第二章将继续讨论更多的可以采用工具箱面板数据部分进行估计的空间回归模型。

1.6 本章参考文献

Elhorst, J. P. *Spatial Econometrics from Cross-Sectional Data to Spatial Panels*. Springer Berlin, Heidelberg, 2014.

Geweke, J. Bayesian Treatment of the Independent Student t Linear Model. *Journal of Applied Econometrics*, 1993, 8.

LeSage, J. P. and R. K. Pace. *Introduction to Spatial Econometrics*. CRC Press, Boca Raton, 2009.

Lange, K. L., R. J. A. Little and J. M. G. Taylor. Robust Statistical Modeling Using the *t* Distribution. *Journal of the American Statistical Association*, 1989, 84.

第二章

SDM、SEM、SDEM、SLX 模型

本章从数学和应用两个角度，讨论更多的工具箱中可用的估计函数。

2.1 SDM

空间杜宾模型（SDM）表达式如式（2.1）所示，很明显，该模型是对 SAR 模型的扩展，包含了解释变量的空间滞后项。该滞后项由 $NT \times K$ 维矩阵 WX 组成，相应有 $K \times 1$ 维参数 θ。

$$y = \rho Wy + X\beta + WX\theta + \iota_T \otimes \mu + \upsilon \otimes \iota_N + \varepsilon \tag{2.1}$$

$$\varepsilon \sim N(0_{NT},\ \sigma^2 V)$$

$$V = \begin{pmatrix} \nu_1 & 0 & \cdots & 0 \\ 0 & \nu_2 & \cdots & 0 \\ \vdots & & \ddots & \vdots \\ 0 & \cdots & 0 & \nu_{NT} \end{pmatrix}$$

$$\pi(\beta) \sim N(c,\ C) \tag{2.2}$$

$$\pi(\gamma/\nu_i) \sim iid\chi^2(\gamma),\quad i=1,\cdots,NT \tag{2.3}$$

$$\pi(\sigma^2) \sim IG(a,\ b) \tag{2.4}$$

$$\pi(\rho) \sim U(1/\lambda_{min},\ 1/\lambda_{max}) \tag{2.5}$$

除了 MCMC 估计函数 *sdm_panel_FE_g*（），最大似然估计函数 *sdm_panel_FE*（）也可以用于估计 SDM。前者允许采用贝叶斯先验分布、基于方差标量 ν_{it} 的异方差/异常值稳健估计。由于 Gibbs 抽样（Gibbs sampling）是贝叶斯统计中经典的 MCMC 算法，我们为估计函数添加后缀"_g"以体现是 MCMC 估计。Gibbs 抽样是一种特殊类型的 MCMC 抽样，其中所有模型参数的条件分布均是已知的分布形式，如正态分布、反伽马分布、卡方分布等。对于空间相关系数 ρ，MCMC 方法依赖于梅特罗波利斯—黑斯廷斯（Metropolis-Hastings）抽样或反演方法（draw-by-inversion approach）抽样，① 而非 Gibbs 抽样。尽管如此，笔者还是使用"_g"来特指 MCMC 估计函数。

与 SAR 模型的函数类似，MCMC 估计函数允许用户输入一个小的 $N \times N$ 维空间权重矩阵 W，或者一个大的允许各时期有不同空间权重矩阵的 $NT \times NT$ 维矩阵 W。函数自身会根据输入情况判断具体是哪种 W 矩阵并进行正确的操作。例如，如果用户输入的是一个 $N \times N$ 维矩阵 W，函数将会帮助用户构造 $I_T \otimes W$②；如果输入的是一个大的 $NT \times NT$ 维矩阵 W，函数则会直接采用它进行估计。

读者可能会疑惑，为什么要用一个单独的函数来估计 SDM，因为看起来直接调用 SAR 模型的函数并输入一个修正后的矩阵 $\widetilde{X} = (X \quad WX)$ 就好了。对这个疑惑的解答是，用于计算 SDM 的直接和间接效应估计的偏导数与 SAR 模型不同。具体而言，这些偏导数是一个 $NT \times NT$ 维矩阵，如式（2.6）③ 所示。

$$\partial E(y)/\partial X^r = (I_{NT} - \hat{\rho} W)^{-1} (\hat{\beta} + W\hat{\theta}) \tag{2.6}$$

输入 X 矩阵，并调用 SAR 模型的 MCMC（或者 ML）估计函数，得到的直接、间接和总效应估计将是错误的。

以下是 SDM 的一些应用示例。

［例］ 运用 *sdm_panel_FE*（）, *sdm_panel_FE_g*（）函数

以下程序演示了如何对一个 SDM 进行 ML 和 MCMC 估计，其中需要注意，我们仅仅输入了解释变量矩阵 X，函数本身会自行生成解释变量矩阵的空间滞后项。

还需要注意的是，如果想为这个模型中的系数 β 指定正态先验分布，则需要为所有 X 变量和 WX 变量的系数 β 和 θ 输入一个 $2K \times 1$ 维先验均值向量。类似地，多元正态先验分布的方差—协方差矩阵必须是一个 $2K \times 2K$ 维的矩阵，K 是矩阵 X 中包含的解释变量的个数。

实证模型估计采用的是 2020 年美国 48 个本土州（除去阿拉斯加与夏威夷）51 周的面板数据，时间上始于 2020 年第二周。被解释变量 $y =$ *uclaims* 为持续申请失业保险人数的年增速，用 2020 年和 2019 年两年同一周的差额即 log（*uclaims*2020）$-$ log（*uclaims*2019）衡量。（数据来自美国劳动部）两个解释变量分别为职位公告数和社交距离，后者以居家人口占比的中位数反映。工作招聘（job posting）数据来自 Opportunity Insights Economic Tracker，这是一个包含 40,000 个在线职位公告的大型公共数据库，公布了 2020 年各周相对于 Covid-19 大流行之前的 2020 年 1 月各周的变化指数。居家时间的信息来自交通统计局（BTS）2019 年至 2020 年的每日调查，

---

① 参见勒沙杰教授和佩斯教授合著的 *Introduction to Spatial Econometrics* 一书的 5.3.2 节。——译者注
② 原文这里有误。
③ 原文这里有误。

第二章　SDM、SEM、SDEM、SLX 模型

该调查基于全国匿名移动设备面板数据，以加权的形式对全州居家人数和离家人数进行估计。

示例程序用 MATLAB 的 *xlsread*（）函数从一个 Excel 文件的 3 个不同工作表（sheet）中读取数据。第一个工作表有一列是 48 个州的名称（两个字母的简称），其余行标签都是简单的"week1""week2"等。

利用工具箱中的 *strvcat*（）函数，这些行和列标签被转换为相应的字符串向量，一个包括州名，另一个包括时段名。我们需要从 Excel 文件读取的包含行和列标签的 b 矩阵的第 2 行、第 1 列开始，以跳过头标签（header label）[①]。类似地，在构造时段名的字符串向量时，我们需要跳过头标签，从第 1 行、第 2 列开始。

读入的数据是三个 $N \times T$ 维矩阵，利用 MATLAB 的 *vec*（）函数可以转化为列向量。

另一个 Excel 文件包括一个 48×48 维的二值矩阵，反映 48 个州的邻接关系，对于邻居州（边界接壤）赋值 1，否则赋值 0。我们利用工具箱中的 *normw*（）函数构造一个行归一化空间权重矩阵（row-normalized spatial weight matrix），该矩阵的每一行的行和都是 1。

示例程序中生成了三组接近的，当然也是非常合理的估计结果：一是 ML 估计；二是同方差 MCMC 估计；三是异方差 MCMC 估计。由于我们的样本数据是基于同方差干扰项模型生成的，方差标量 v_{it} 接近于 1，不会影响估计。另一方面，如果存在异方差问题，基于为方差标量 v_{it} 的卡方先验指定 $\gamma=5$ 进行稳健估计，将针对这类问题进行适当调整。这也意味着，对于 MCMC 估计，我们应该将这种先验当成固定程序。

```
% sdm_panel_g demo file
clear all;
[uclaims, b] = xlsread ('../demo_data/weekly.xlsx', 1);
% read data from sheet 1 of Excel spreadsheet
% growth rate of unemployment 2019-2020 from same week, previous year
snames = strvcat (b (2: end, 1) ); % 48 state names
tnames = strvcat (b (1, 2: end) ); % 51 week labels
[N, T] = size (uclaims);
[jobposts, b] = xlsread ('../demo_data/weekly.xlsx', 2);
% read data from sheet 2 of Excel spreadsheet
% change in job offers from 1st week of 2020
[athome, b] = xlsread ('../demo_data/weekly.xlsx', 3);
```

[①] 用来构造州名字符串向量。——译者注

```
% read data from sheet 3 of Excel spreadsheet
% growth rate of percent population at home
% 2019-2020 from same week, previous year
[a, b] = xlsread ('../demo_data/Wcont48.xlsx');
% 48 x 48 contiguity matrix for states
W = normw (a);

y = vec (uclaims);
x = [vec (jobposts) vec (athome) ];

info. model = 3;
result1 = sdm_panel_FE (y, x, W, T, info);
vnames = strvcat ('uclaims','jobposts','athome');
prt_panel (result1, vnames);

ndraw = 2500;
nomit = 500;
prior. novi_flag = 1;
prior. model = 3;
result2 = sdm_panel_FE_g (y, x, W, T, ndraw, nomit, prior);
prt_panel (result2, vnames);

prior2. rval = 5;
prior2. model = 3;
prior2. fe = 1;
result3 = sdm_panel_FE_g (y, x, W, T, ndraw, nomit, prior2);
prt_panel (result3, vnames, snames, tnames);

tt = 1: T;
plot (tt, result3. tfe);
xlabel ('weeks during 2020');
ylabel ('time fixed effects estimates');

vmat = reshape (result3. vmean, N, T);
vmean = mean (vmat, 1);
plot (tt, vmean,'o');
```

```
xlabel ('Weeks during 2020');
ylabel ('Mean of time v_{it} estimates');
```

程序中设置了选项 $prior2.fe=1$，并且在调用 $prt\_panel()$ 函数时输入了区域标签 $snames$，以及时段标签 $tnames$，因此在输出估计结果时会利用州名和时段名。

程序将 51 周的时间固定效应制成了一幅图，这可能反映了 Covid-19 大流行封锁期间的有意思的变异。利用 help sdm_panel_FE_g 可以知道，这些固定效应是返回在结构变量的".tfe"字段中的。

程序也从 result3 结构变量的".vmean"字段中复原了 v_{it} 的后验均值，并利用 MATLAB 的 $reshape()$ 函数将这个 $NT \times 1$ 维的向量转变为一个 $N \times T$ 维的矩阵。利用 MATLAB 的 $mean()$ 函数，我们计算了各时段的州均值。$mean(x,1)$ 计算的是列均值，$mean(x,2)$ 计算的是行均值。我们选择对每一个时段按列（州）计算均值。

输出结果如下。我们可以看到，ML 和 MCMC 同方差估计结果非常接近，MCMC 异方差估计结果有微小的差异。就基于直接和间接效应估计作出的推断而言，我们的结论没有什么区别。我们关于空间相关性的推论也是如此，所有三组估计都是在 $\hat{\rho}=0.18$ 左右并且在 99% 的水平上显著。

州自身职位公告数的变化对于持续声称失业的（直接）影响在三组估计中都是负的，并且在 99% 的水平上显著。这个结果与我们的直觉相符，对于某个州 i 而言，更多的职位空缺将降低州 i 的持续申请失业保险的人数。与我们的预期一致，居家人数的直接效应是正的，对于州 i 而言，更远的社交距离将导致州 i 有更多人持续申请失业保险。

```
% results from: sdm_panel_gd
Homoscedastic model
MaxLike SDM model with both region and time period fixed effects
Dependent Variable = uclaims
R-squared         =  0.9479
corr-squared      =  0.0157
sigma^2           =  0.0519
Nobs, Nvar, #FE   =  2448, 4, 99
log-likelihood    =  134.9747
# of iterations   =  18
min and max rho   =  -1.0000, 1.0000
total time in secs =  0.2050
time for lndet    =  0.0300
```

Pace and Barry, 1999 MC lndet approximation used
order for MC appr = 50
iter for MC appr = 30

* *

Variable	Coefficient	Asymptot t-stat	z-probability
jobposts	−0.174547	−4.133085	0.000036
athome	0.683510	4.473840	0.000008
W-jobposts	0.011300	0.139342	0.889180
W-athome	−0.935118	−4.058084	0.000049
rho	0.186968	7.050980	0.000000

Direct	Coefficient	t-stat	t-prob	lower 05	upper 95
jobposts	−0.175918	−4.107475	0.000155	−0.259524	−0.089127
athome	0.641477	4.339796	0.000073	0.344168	0.926852

Indirect	Coefficient	t-stat	t-prob	lower 05	upper 95
jobposts	−0.023634	−0.250924	0.802944	−0.207706	0.166033
athome	−0.959205	−3.756035	0.000467	−1.417222	−0.425648

Total	Coefficient	t-stat	t-prob	lower 05	upper 95
jobposts	−0.199552	−1.803684	0.077559	−0.419622	0.021441
athome	−0.317728	−1.481430	0.145027	−0.726658	0.115245

Homoscedastic model
MCMC SDM model with both region and time period fixed effects
Dependent Variable = uclaims
R-squared = 0.9478
corr-squared = 0.0157
sigma^2 = 0.0521
Nobs, Nvar, #FE = 2448, 2, 99
ndraw, nomit = 2500, 500
rvalue = 0
min and max rho = −1.0000, 1.0000
total time in secs = 2.6380
time for MCMC draws = 1.2950
Pace and Barry, 1999 MC lndet approximation used
order for MC appr = 50
iter for MC appr = 30

第二章 SDM、SEM、SDEM、SLX 模型

* *

ariable	Coefficient	Asymptot t-stat	z-probability
jobposts	−0.174693	−4.080874	0.000045
athome	0.687896	4.390112	0.000011
W * jobposts	0.007801	0.096282	0.923296
W * athome	−0.945522	−3.940493	0.000081
rho	0.180617	6.859647	0.000000

Direct	Coefficient	t-stat	t-prob	lower 05	upper 95
jobposts	−0.175782	−4.061612	0.000050	−0.259119	−0.088217
athome	0.650997	4.302151	0.000018	0.358749	0.958167

Indirect	Coefficient	t-stat	t-prob	lower 05	upper 95
jobposts	−0.027971	−0.291948	0.770351	−0.210790	0.163542
athome	−0.965816	−3.691704	0.000228	−1.458419	−0.465742

Total	Coefficient	t-stat	t-prob	lower 05	upper 95
jobposts	−0.203753	−1.822847	0.068448	−0.415744	0.015733
athome	−0.314820	−1.420745	0.155518	−0.742316	0.107053

Heterocedastic model

MCMC SDM model with both region and time period fixed effects

Dependent Variable = uclaims

R-squared = 0.9479

corr-squared = 0.0158

sigma^2 = 0.0345

Nobs, Nvar, #FE = 2448, 2, 99

ndraw, nomit = 2500, 500

rvalue = 5

min and max rho = −1.0000, 1.0000

total time in secs = 4.1140

time for MCMC draws = 2.8550

Pace and Barry, 1999 MC lndet approximation used

order for MC appr = 50

iter for MC appr = 30

****

Variable	Coefficient	Asymptot t-stat	z-probability		
jobposts	−0.162035	−3.865310	0.000111		
athome	0.609771	3.959698	0.000075		
W * jobposts	0.017148	0.225232	0.821799		
W * athome	−0.821802	−3.658740	0.000253		
rho	0.199550	8.078864	0.000000		
Direct	Coefficient	t-stat	t-prob	lower 05	upper 95
jobposts	−0.162821	−3.836904	0.000128	−0.245745	−0.080644
athome	0.574695	3.882954	0.000106	0.279278	0.870356
Indirect	Coefficient	t-stat	t-prob	lower 05	upper 95
jobposts	−0.018288	−0.199367	0.841993	−0.189254	0.166198
athome	−0.839668	−3.420232	0.000636	−1.308406	−0.365605
Total	Coefficient	t-stat	t-prob	lower 05	upper 95
jobposts	−0.181108	−1.680410	0.093005	−0.385213	0.035500
athome	−0.264973	−1.301563	0.193188	−0.656623	0.133777

工作机会（job offers）对于州 i 的间接影响（溢出效应）并不显著，表明工人并不会对邻近州 j 的工作招聘有所反应。邻近州 j 居家人数的间接影响为负，并且在 99% 的水平上显著。这可能是由于邻近州 j 居家人数影响了产品市场，进而影响了邻近州 j 的经济，或者邻近州 j 和州 i 自身之间的供应商网络；也可能反映了州 i 自身和邻近州 j 的社交距离在以周为单位的时段上存在一种简单的空间共同波动（spatial co-movement）。根据新闻报道，随着时间的推移，州层面的社交距离呈现出空间集聚性，美国南部州（如佛罗里达州、乔治亚州、北卡罗来纳州、南卡罗来纳州）和中西部上游州（如蒙大拿州、北达科他州、南达科他州、怀俄明州）鼓励的是较低水平的社交疏离行为，而东部和西海岸各州鼓励较高水平的社交疏离行为。

图 2.1 展示的是 51 周的时间固定效应估计，图 2.2 汇报的是各周的方差标量估计（对所有州取平均值）。可以看到，在从大约三月份的第三周开始的大流行封锁期的高峰，即第 11—20 周，时间固定效应是正的且取值非常大。这些效应之前是在 0 附近，在大概第 40 周变成了负值。方差标量估计（对所有州取平均）也表明，在大概第 11 周，噪声的方差开始上升，即不同周之间的干扰项方差并不是常数。同时表明，在年底第二波大流行高峰开始的时候，ν_{it} 的均值明显上升。

当然，我们也可以考察各州的固定效应以及利用类似的 MATLAB 命令对各州的 ν_{it} 按时间求均值。然而，对于这个模型和数据集，围绕大流行的时间维度的变化是最有趣的。

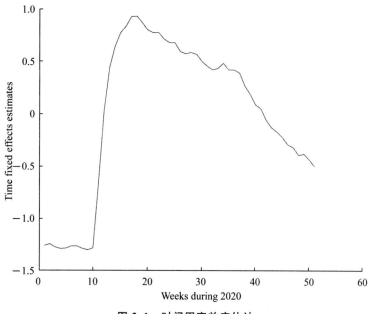

图 2.1 时间固定效应估计

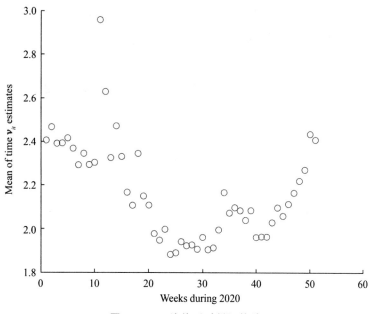

图 2.2 v_{it} 均值（对州）估计

2.2 SEM

空间误差模型（SEM）表达式见式（2.7），并不包含被解释变量的空间滞后项

(Wy)。该模型允许误差项存在空间相关性。模型也不包含空间溢出。LeSage 和 Pace（2014）认为，不应该将空间误差项空间相关导致的空间影响看成空间溢出（spatial spillover）。他们未将空间溢出这一术语用于描述区域 j 的变量 x_j 的改变对于另外一个区域 i 的结果变量 y_i 的影响。他们将扰动项 u_j 的冲击对于另一个区域的扰动项 u_i（$i \neq j$）的影响称为全域空间干扰冲击（global spatial shocks to the disturbances）。

$$y = X\beta + \iota_T \otimes \mu + \upsilon \otimes \iota_N + u \quad (2.7)$$

$$u = \rho W u + \varepsilon$$

$$\varepsilon \sim N(0_{NT},\ \sigma^2 V)$$

$$V = \begin{pmatrix} \nu_1 & 0 & \cdots & 0 \\ 0 & \nu_2 & \cdots & 0 \\ \vdots & & \ddots & \vdots \\ 0 & \cdots & 0 & \nu_{NT} \end{pmatrix}$$

$$\pi(\beta) \sim N(c,\ C) \quad (2.8)$$

$$\pi(\gamma/\nu_i) \sim iid\chi^2(\gamma),\quad i = 1, \cdots, NT \quad (2.9)$$

$$\pi(\sigma^2) \sim IG(a,\ b) \quad (2.10)$$

$$\pi(\rho) \sim U(1/\lambda_{min},\ 1/\lambda_{max}) \quad (2.11)$$

面对冲击，他们选用全域（global）这个术语，我们可以写出以下表达式：$(I_{NT} - \rho W)^{-1}\varepsilon = u = I_{NT}\varepsilon + \rho W\varepsilon + \rho^2 W^2 \varepsilon + \cdots$①，因此，对于单个区域 i 的冲击将会影响邻居的干扰项 $\rho W\varepsilon$，邻居的邻居的干扰项 $\rho^2 W^2 \varepsilon$，等等，更高阶的邻居对应 $(I_{NT} - \rho W)^{-1}$ 的无穷展开序列中的 $\rho^j W^j \varepsilon$ 项。同时要注意，在我们的静态面板数据设定中，矩阵 W 是分块对角阵，矩阵 $Wbig = I_T \otimes W$ 主对角线上是一系列 $N \times N$ 维的块。这意味着，一个时段中对干扰项的冲击不会影响其他时段的干扰项，因为逆矩阵 $(I_{NT} - \rho W)^{-1}$ 也将是分块对角阵。

除了 *sem_panel_FE_g*() 函数外，工具箱里也有对这个模型进行最大似然估计的函数 *sem_panel_FE*()。类似地，前者遵循我们之前的命名规则，"_g"代表 MC-MC 估计，并且允许用户自行指定贝叶斯先验分布、基于方差标量 ν_{it} 的异方差/常值稳健估计。

SEM 的偏导数与 OLS 模型类似，我们可以将参数 β 的系数估计解释为第 i 个区域单个变量 x_i 的变化对于该区域结果变量 y_i 的偏效应。正如前文提到的，并不存在区域 i 的特征（x 变量）改变会影响其他区域结果这种空间溢出效应。可以说，对于

---

① 原文这里有误。

第二章 SDM、SEM、SDEM、SLX 模型

第 r 个解释变量我们有：

$$\partial E(y)/\partial X^r = \hat{\beta}_r \qquad (2.12)$$

以下是 SEM 的一些应用示例。

[例] 运用 *sem_panel_FE* ()，*sem_panel_FE_g* () 函数

以下程序估计了 OLS 以及 SEM 面板模型，实证模型都一样：y = 失业救济人数增速，x = 工作机会指数和居家人数年增长率。

LeSage 和 Pace（2009）认为，如果模型设定正确，则对于系数 β 的 OLS 和 SEM 估计结果将一样，只不过由于干扰项存在空间相关，因此，SEM 估计将更有效，反映为有更大的 t 统计量。如果模型设定有误，可能存在遗漏变量偏误，或者函数形式错误，或者事实上是一个非线性关系而非所假设的线性关系，那么这两组估计将有所不同。

```
% file: sem_panel_gd
clear all;
[uclaims, b] = xlsread ('../demo_data/weekly.xlsx', 1);
% read data from sheet 1 of Excel spreadsheet
% growth rate of unemployment 2019-2020 from same week, previous year
snames = strvcat (b (2: end, 1) ); % 48 state names
tnames = strvcat (b (1, 2: end) ); % 51 week labels
[N, T] = size (uclaims);
[jobposts, b] = xlsread ('../demo_data/weekly.xlsx', 2);
% read data from sheet 2 of Excel spreadsheet
% change in job offers from 1st week of 2020
[athome, b] = xlsread ('../demo_data/weekly.xlsx', 3);
% read data from sheet 3 of Excel spreadsheet
% growth rate of percent population at home
% 2019-2020 from same week, previous year
[a, b] = xlsread ('../demo_data/Wcont48.xlsx');
% 48 x 48 contiguity matrix for states
W = normw (a);


y = vec (uclaims);
x = [vec (jobposts) vec (athome) ];


vnames = strvcat ('y = unclaims','jobposts','athome');
```

```
info.model = 3;
ndraw = 2500;
nomit = 500;
info.novi_flag = 1;
result1 = ols_panel_FE_g (y, x, T, ndraw, nomit, info);
prt_panel (result1, vnames);

prior.novi_flag = 1;
prior.model = 3;
result2 = sem_panel_FE_g (y, x, W, T, ndraw, nomit, prior);
prt_panel (result2, vnames);

betao = result1.bdraw (:, 2);
betas = result2.bdraw (:, 2);
beta_diff = betas - betao;

[h1, f1, y1] = pltdens (betao);
[h2, f2, y2] = pltdens (betas);
[h3, f3, y3] = pltdens (beta_diff);

subplot (2, 1, 1),
plot (y1, f1,'.-r', y2, f2,'.-b');
ylabel ('\beta posteriors');
xlabel ('\beta values');
legend ('\beta_o','\beta_s');
subplot (2, 1, 2),
plot (y3, f3,'.-g');
ylabel ('Posterior for \beta_s - \beta_o');
xlabel ('\beta_s - \beta_o values');
zipi = find (y3 > 0);
line ([0 0], [0 f3 (zipi (1, 1))]);
legend ('\beta_s - \beta_o','zero');

% trapezoid rule integration
sum_all = trapz (y3, f3);
sum_positive = trapz (y3 (zipi, 1), f3 (zipi, 1));
```

```
prob = sum_positive/sum_all
```

估计结果如下。我们可以看到,干扰项存在显著的空间相关,估计结果 $\hat{\rho}=0.183$ 且在 99% 的水平上显著。对于 $jobposts$ 变量的系数估计非常接近,包括 t 统计量也非常接近。相反,对于 $athome$ 变量的系数,SEM 估计结果是 OLS 估计结果的 $1.328=0.346/0.266$[①] 倍。一个有趣的问题是,从统计的角度看,这两个估计结果是否存在显著差异。

```
Homoscedastic model
MCMC OLS model with both region and time period fixed effects
Dependent Variable = y = unclaims
R-squared = 0.9460
corr-squared = 0.0097
sigma^2 = 0.0539
Nobs, Nvar, #FE = 2448, 2, 99
log-likelihood = 104.02769
prior rvalue = 0
total time in secs = 0.3090
ndraws, nomit = 2500, 500
time for MCMC draws = 0.2460
* * * * * * * * * * * * * * * * * * * * * * * * * * * * * * * * * * * * * * *
Variable      Coefficient    Asymptot t-stat    z-probability
jobposts      - 0.175153     - 4.103774         0.000041
 athome         0.266380       2.234641         0.025441

Homoscedastic model
MCMC SEM model with both region and time period fixed effects
Dependent Variable = y = unclaims
R-squared = 0.9460
corr-squared = 0.0096
sigma^2 = 0.0523
Nobs, Nvar, #FE = 2448, 2, 99
prior rvalue = 0
min and max rho = - 1.0000, 1.0000
ndraws, nomit = 2500, 500
```

---

① 译者重新运行了该示例程序,这里的计算采用新的估计结果,由于存在随机数的问题,这里的估计与原文有细微的差异。

```
total time in secs = 103.6440
time for MCMC draws = 100.0800
Pace and Barry, 1999 MC lndet approximation used
order for MC appr = 50
iter for MC appr = 30
* * * * * * * * * * * * * * * * * * * * * * * * * * * * * *
```

Variable	Coefficient	Asymptot t-stat	z-probability
jobposts	−0.172496	−4.055077	0.000050
athome	0.346020	2.769994	0.005606
rho	0.183185	6.713679	0.000000

对于 OLS 和 SEM 关于 *athome* 变量的系数估计存在显著差异这一假设，我们可以利用估计过程生成的 MCMC 抽样进行检验。这里，我们利用下面的 MATLAB 代码片段，生成两组 β 估计的后验分布以及两者差值的后验分布，并用图形的形式演示这项检验。MCMC 抽样为构造后验分布提供了有效基础，我们利用工具箱中的 *pltdens*（）函数生成这些分布。

```
% code snippet from sem_gd.m file
betao = result1.bdraw(:,2);
betas = result2.bdraw(:,2);
beta_diff = betas - betao;

[h1, f1, y1] = pltdens(betao);
[h2, f2, y2] = pltdens(betas);
[h3, f3, y3] = pltdens(beta_diff);

subplot(2,1,1),
plot(y1,f1,'.-r',y2,f2,'.-b');
ylabel('\beta posteriors');
xlabel('\beta values');
legend('\beta_o','\beta_s');
subplot(2,1,2),
plot(y3,f3,'.-g');
ylabel('Posterior for \beta_s - \beta_o');
xlabel('\beta_s - \beta_o values');
zipi = find(y3 > 0);
line([0 0],[0 f3(zipi(1,1))]);
```

```
legend ('\ beta_s - \ beta_o','zero');


% trapezoid rule integration
sum_all = trapz (y3, f3);
sum_positive = trapz (y3 (zipi, 1), f3 (zipi, 1) );
prob = sum_positive/sum_all
```

图 2.3[1] 展示的是 *athome* 变量相应的 OLS 和 SEM 参数的后验分布,可以发现,与两个后验分布的离散程度相比,两者的差异比较小。SEM 参数减去 OLS 参数的差值的后验分布表明,这些差异基本都集中在 0 左右。

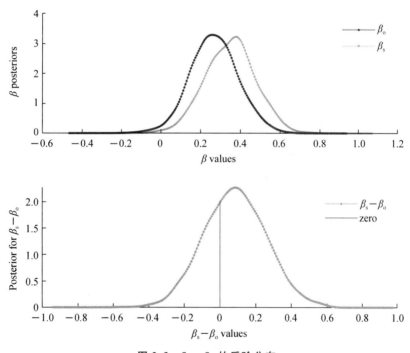

图 2.3 β_o,β_s 的后验分布

正式来说,两个 β 估计存在显著差异的概率等于 $\beta_s - \beta_o$ 分布曲线下 x 轴大于 0 的部分的面积,或者图中 0 值垂线右侧的面积。我们利用简易梯形积分法(simple trapezoid integration)(上述代码的最后几行)求这部分的面积。返回值为 0.7192,远远低于我们得到两个系数在 95% 水平上有显著差异这一结论所需要的 0.95[2]。请注意,除非采用固定的随机数生成器种子值,否则每次运行该程序得到的积分结果都会存在略微的不同。当然,如果 MCMC 估计的收敛性没有问题,那么这些差异不应该使得

---

[1] 原文此处有误。
[2] 原文将此处的显著性检验当成单侧检验。译者认为应该进行双侧检验。具体留待读者讨论。

估计和推断发生实质性改变。

2.3 SDEM

空间杜宾误差模型（SDEM）表达式见式（2.13），不包含被解释变量的空间滞后项 Wy，但是包含解释变量的空间滞后项 WX。该模型允许误差项存在空间相关性以及局域空间溢出（local spatial spillovers）。也就是说，当解释变量空间滞后项的系数 θ 非零时，就会出现来自近邻的溢出。与 LeSage 和 Pace（2014）标注的全域空间溢出（global spatial spillovers）相反的是，这些溢出只基于一阶邻居。当存在被解释变量空间滞后项时，$E(y) = (I_{NT} - \hat{\rho}W)^{-1}\hat{\beta} = u = I_{NT}\hat{\beta} + \hat{\rho}WI_{NT}\hat{\beta} + \hat{\rho}^2W^2I_{NT}\hat{\beta} + \cdots$，空间自回归过程会导致全域溢出，包括来自邻居的溢出（W）、邻居的邻居的溢出（W^2）等所有高阶邻居的溢出（W^j，$j=3, 4, \cdots$）。

$$y = X\beta + WX\theta + \iota_T \otimes \mu + \upsilon \otimes \iota_N + u \tag{2.13}$$

$$u = \rho W u + \varepsilon$$

$$\varepsilon \sim N(0_{NT},\ \sigma^2 V)$$

$$V = \begin{pmatrix} \nu_1 & 0 & \cdots & 0 \\ 0 & \nu_2 & \cdots & 0 \\ \vdots & & \ddots & \vdots \\ 0 & \cdots & 0 & \nu_{NT} \end{pmatrix}$$

$$\pi(\beta) \sim N(c,\ C) \tag{2.14}$$

$$\pi(\gamma/\nu_i) \sim iid\chi^2(\gamma),\quad i=1,\cdots,NT \tag{2.15}$$

$$\pi(\sigma^2) \sim IG(a,\ b) \tag{2.16}$$

$$\pi(\rho) \sim U(1/\lambda_{min},\ 1/\lambda_{max}) \tag{2.17}$$

回顾一下，LeSage 和 Pace（2014）认为，我们不应该将空间误差项空间相关导致的空间影响看成空间溢出。他们保留空间溢出这一术语用于描述区域 j 的变量 x_j 的改变对于另外一个区域 i 的结果 y_i 的影响。SDEM 的设置确实允许这种来自邻近区域解释变量的改变而引起的溢出，反映在解释变量的空间滞后项 WX 上。

为了看清楚为什么我们用术语"局域"（local）指代这个模型产生的溢出，注意到第 r 个解释变量的改变对应的偏导数可以写成式（2.18）。

$$\partial E(y)/\partial X^r = \hat{\beta}_r + W\hat{\theta}_r = \hat{\beta}_r + \hat{\theta}_r \tag{2.18}$$

式（2.18）最后一个等号成立是因为矩阵 W 行和为 1。这意味着我们可以将系数估计值 $\hat{\beta}$ 解释为直接（区域自身的）效应，将估计值 $\hat{\theta}$ 解释为邻居们的解释变量 WX 的改变引起的间接（其他区域的）效应。可以利用 t 统计量对直接和间接效应的显著性进行有效的推断。但是，如果我们想对总效应的显著性进行统计推断，则需要基于

两个系数的加和 $\hat{\beta}+\hat{\theta}$，以及对这个加和项的离散程度进行合理的度量。这可以利用 MCMC 抽样得到，这也是 MCMC 估计函数的处理方式。

以下是 SDEM 模型的一些应用示例。

[例]　运用 *sdem_panel_FE*()，*sdem_panel_FE_g*() 函数

类似地，对于 SDEM，工具箱也提供了 ML 和 MCMC 估计函数，后者依旧允许用户为参数 β，σ^2 指定先验分布，使用非常数的方差标量 ν_{it}。用户可能会感到疑惑，为什么我们需要一个单独的函数来估计 SDEM，直接调用 SEM 的函数并输入一个修正后的矩阵 $\tilde{X}=(X\ \ WX)$ 就可以了。答案是，按这种方式调用的 SEM 函数是不会生成用于计算 SDEM 的总效应估计的偏导数的。这个问题影响不大，但是 SDEM 会更清晰地输出估计结果，并相应标记上直接、间接和总效应估计。

ML 估计程序 sdem_panel_FE() 只是简单输出系数 β，θ 的估计值以及相应的 t 统计量。MCMC 估计程序 sdem_panel_FE_g() 的输出中，β 估计值被视为直接效应，θ 估计值被视为间接效应，并利用两者加和项的 MCMC 抽样生成了总效应和相应的 t 统计量，以及总效应的下 0.05 和上 0.95 置信区间边界。

需要提醒的是，如果在重新调用估计函数时打算使用与之前一样的结构变量 prior，那么其所有字段都会被调入。所以建议在后续调用 MCMC 估计函数时构建新的结构变量，如 prior2，prior3，prior4，这样会避免一些潜在错误。

示例程序既生成了 ML 估计，也生成了 MCMC 估计，包括：

(1) 不指定先验的同方差模型，结果应该与 ML 估计等价。

(2) 稳健/异方差估计，结果应该也与 ML 估计等价，因为样本数据的数据生成过程（DGP）基于一个方差为常数的噪音。

(3) 为 β，θ 指定先验分布的同方差模型，先验均值为 0，方差—协方差矩阵的非主对角线元素为 0，主对角线取值 10，代表较大的方差。由于指定了较大的先验方差，这些估计应该也与 ML 估计接近。

(4) 为 β，θ 指定先验分布的异方差模型，先验均值为 1，方差—协方差矩阵的非主对角线元素为 0，主对角线取值 0.001，代表很小的方差。由于这里指定了很小的先验方差，这些估计应该极大地偏离 ML 估计，偏向先验均值 1。注意，MCMC 估计函数默认估计参数 ν_{it}，或者可称之为一组异方差/稳健估计。

```
% file sdem_panel_g demo file
clear all;
rng (10203040);

n = 100;
```

```
t = 20;
rho = 0.7;
k = 2;
x = randn (n * t, k);
beta = ones (k, 1);
beta = [beta
    - ones (k, 1)];
sige = 0.1;
evec = randn (n * t, 1) * sqrt (sige);

latt = rand (n, 1);
long = rand (n, 1);

W = make_neighborsw (latt, long, 5);

Wbig = kron (eye (t), W);

xo = x;
x = [x Wbig * x];

% add fixed effects to the DGP

tts = (1: n) * (1/n);
SFE = kron (ones (t, 1), tts');
ttt = (1: t) * (1/t);
TFE = kron (ttt', ones (n, 1));

u = (speye (n * t) - rho * Wbig) \ evec;
y = (x * beta + SFE + TFE + u);

info.model = 3;
result1 = sdem_panel_FE (y, xo, W, t, info);
vnames = strvcat ('y','x1','x2');
prt_panel (result1, vnames);

ndraw = 2500;
```

第二章 SDM、SEM、SDEM、SLX 模型

```
nomit = 500;
prior.novi_flag = 1;
prior.model = 3;
result2 = sdem_panel_FE_g (y, xo, W, t, ndraw, nomit, prior);
prt_panel (result2, vnames);


prior2.rval = 5;
prior2.model = 3;
result3 = sdem_panel_FE_g (y, xo, W, t, ndraw, nomit, prior2);
prt_panel (result3, vnames);


prior3.novi_flag = 1;
prior3.model = 3;
k = size (x, 2);
prior3.beta = zeros (k, 1);
prior3.bcov = eye (k) *10;
result4 = sdem_panel_FE_g (y, xo, W, t, ndraw, nomit, prior3);
prt_panel (result4, vnames);


prior4.model = 3;
prior4.beta = ones (4, 1);
prior4.bcov = eye (4) *0.001;
result5 = sdem_panel_FE_g (y, xo, W, t, ndraw, nomit, prior4);
prt_panel (result5, vnames);
```

以下估计结果显示，对于前三种设定，ML 和 MCMC 估计结果非常接近。最后一组估计中，θ 偏离真实值 -1 而偏向强力指定的先验均值 1。在这种情况下，β 的估计值也同样偏离真实值 1 而在 1.25 附近有一个较大的取值。这应该是因为 θ 错误的先验均值 1 引起了很大的偏误，进一步影响模型中其他参数 β 的估计。同样要注意的是，模型中解释变量 X 和这些变量的空间滞后项 WX 可能存在相关性。Pace、LeSage 和 Zhu（2012）研究发现，由于区域经济和人口的空间集聚，对于常用的基于县和人口普查区的普查数据以及美国经济分析局（BEA）数据，变量的这种相关性经常超过 0.9。

```
% output from running sdem_panel_gd.m file
MaxLike SDEM model with both region and time period fixed effects
Homoscedastic model
```

Dependent Variable = y
R-squared = 0.9367
corr-squared = 0.9297
sigma^2 = 0.0908
Nobs, Nvar, #FE = 2000, 2, 120
min and max rho = -0.9900, 0.9900
total time in secs = 1.4980
time for lndet = 0.0380
Pace and Barry, 1999 MC lndet approximation used
order for MC appr = 50
iter for MC appr = 30
****

Variable	Coefficient	Asymptot t-stat	z-probability
x1	0.988452	122.210624	0.000000
x2	1.009443	127.690684	0.000000
W-x1	-1.045909	-42.205156	0.000000
W-x2	-0.945451	-39.851527	0.000000
rho	0.687976	40.903251	0.000000

Homoscedastic model
MCMC SDEM model with both region and time period fixed effects
Dependent Variable = y
R-squared = 0.9367
corr-squared = 0.9297
sigma^2 = 0.0905
Nobs, Nvar, #FE = 2000, 2, 120
ndraw, nomit = 2500, 500
rvalue = 0
min and max rho = -1.0000, 1.0000
total time in secs = 1.5410
time for eigs = 0.0240
time for MCMC draws = 1.3990
Pace and Barry, 1999 MC lndet approximation used
order for MC appr = 50
iter for MC appr = 30
****

Variable	Coefficient	Asymptot t-stat	z-probability

x1	0.988254	127.046500	0.000000
x2	1.009033	125.610907	0.000000
W * x1	−1.046859	−41.559864	0.000000
W * x2	−0.947228	−40.869724	0.000000
rho	0.695006	40.926907	0.000000

Direct	Coefficient	t-stat	t-prob	lower 05	upper 95
x1	0.988254	127.046500	0.000000	0.972386	1.003434
x2	1.009033	125.610907	0.000000	0.993420	1.024870

Indirect	Coefficient	t-stat	t-prob	lower 05	upper 95
x1	−1.046859	−41.559864	0.000000	−1.096925	−0.997983
x2	−0.947228	−40.869724	0.000000	−0.991293	−0.900532

Total	Coefficient	t-stat	t-prob	lower 05	upper 95
x1	−0.058605	−1.936193	0.052985	−0.118759	−0.000036
x2	0.061805	2.170462	0.030089	0.006431	0.117767

Heterocedastic model

MCMC SDEM model with both region and time period fixed effects

Dependent Variable = y

R-squared = 0.9367

corr-squared = 0.9297

sigma^2 = 0.0907

Nobs, Nvar, #FE = 2000, 2, 120

ndraw, nomit = 2500, 500

rvalue = 5

min and max rho = −1.0000, 1.0000

total time in secs = 2.8440

time for eigs = 0.0210

time for MCMC draws = 2.7990

Pace and Barry, 1999 MC lndet approximation used

order for MC appr = 50

iter for MC appr = 30

* *

Variable	Coefficient	Asymptot t-stat	z-probability
x1	0.988328	111.294971	0.000000
x2	1.010214	116.061328	0.000000

W*x1	-1.046052	-39.571998	0.000000		
W*x2	-0.941408	-36.378877	0.000000		
rho	0.691143	42.629934	0.000000		

Direct	Coefficient	t-stat	t-prob	lower 05	upper 95
x1	0.988328	111.294971	0.000000	0.970523	1.005969
x2	1.010214	116.061328	0.000000	0.993773	1.026964

Indirect	Coefficient	t-stat	t-prob	lower 05	upper 95
x1	-1.046052	-39.571998	0.000000	-1.099346	-0.995460
x2	-0.941408	-36.378877	0.000000	-0.992002	-0.889771

Total	Coefficient	t-stat	t-prob	lower 05	upper 95
x1	-0.057724	-1.810177	0.070418	-0.123332	0.003136
x2	0.068807	2.220653	0.026486	0.007872	0.132188

Homoscedastic model

MCMC SDEM model with both region and time period fixed effects

Dependent Variable = y

R-squared = 0.9367

corr-squared = 0.9297

sigma^2 = 0.0907

Nobs, Nvar, #FE = 2000, 2, 120

ndraw, nomit = 2500, 500

rvalue = 0

min and max rho = -1.0000, 1.0000

total time in secs = 1.2540

time for eigs = 0.0170

time for MCMC draws = 1.2140

Pace and Barry, 1999 MC lndet approximation used

order for MC appr = 50

iter for MC appr = 30

****

Variable	Prior Mean	Std Deviation
x1	0.000000	3.162278

第二章　SDM、SEM、SDEM、SLX 模型

x2	0.000000	3.162278
W * x1	0.000000	3.162278
W * x2	0.000000	3.162278

* *

Variable	Coefficient	Asymptot t-stat	z-probability
x1	0.988905	121.851570	0.000000
x2	1.009405	123.605788	0.000000
W * x1	-1.046108	-42.394019	0.000000
W * x2	-0.945963	-38.868594	0.000000
rho	0.691721	41.540899	0.000000

Direct	Coefficient	t-stat	t-prob	lower 05	upper 95
x1	0.988905	121.851570	0.000000	0.973256	1.004702
x2	1.009405	123.605788	0.000000	0.993606	1.026178

Indirect	Coefficient	t-stat	t-prob	lower 05	upper 95
x1	-1.046108	-42.394019	0.000000	-1.095795	-0.998546
x2	-0.945963	-38.868594	0.000000	-0.993285	-0.899052

Total	Coefficient	t-stat	t-prob	lower 05	upper 95
x1	-0.057203	-1.902357	0.057268	-0.117664	0.000849
x2	0.063442	2.125625	0.033657	0.005140	0.122085

Heterocedastic model

MCMC SDEM model with both region and time period fixed effects

Dependent Variable = y

R-squared = 0.6394

corr-squared = 0.6778

sigma^2 = 0.3594

Nobs, Nvar, #FE = 2000, 2, 120

ndraw, nomit = 2500, 500

rvalue = 5

min and max rho = -1.0000, 1.0000

total time in secs = 1.3050

time for eigs = 0.0340

time for MCMC draws = 1.2460

Pace and Barry, 1999 MC lndet approximation used

order for MC appr = 50

```
iter for MC appr = 30
* * * * * * * * * * * * * * * * * * * * * * * * * * * * * *
   Variable         Prior Mean          Std Deviation
     x1              1.000000              0.031623
     x2              1.000000              0.031623
   W * x1            1.000000              0.031623
   W * x2            1.000000              0.031623


* * * * * * * * * * * * * * * * * * * * * * * * * * * * * *
   Variable      Coefficient       Asymptot t-stat      z-probability
     x1           1.234283           94.939616           0.000000
     x2           1.241770           96.611887           0.000000
   W * x1         0.433537           13.928272           0.000000
   W * x2         0.429826           14.320676           0.000000
    rho           0.798180           59.082642           0.000000
```

Direct	Coefficient	t-stat	t-prob	lower 05	upper 95
x1	1.234283	94.939616	0.000000	1.209880	1.260038
x2	1.241770	96.611887	0.000000	1.217120	1.266496

Indirect	Coefficient	t-stat	t-prob	lower 05	upper 95
x1	0.433537	13.928272	0.000000	0.376193	0.493595
x2	0.429826	14.320676	0.000000	0.371829	0.488385

Total	Coefficient	t-stat	t-prob	lower 05	upper 95
x1	1.667821	44.022976	0.000000	1.595827	1.742463
x2	1.671596	45.185496	0.000000	1.600984	1.745537

2.4 SLX 模型

X 空间滞后模型表达式见式（2.19），不包含被解释变量的空间滞后项 Wy，但是包含解释变量的空间滞后项 WX。该模型不允许误差项存在空间相关性，但允许存在局域空间溢出。理论上，如果误差项存在空间相关性并且模型设定正确，没有遗漏变量或者函数形式问题，SLX 模型的估计应该等价于 SDEM 的估计，且 SDEM 更有效。

$$y = X\beta + WX\theta + \iota_T \otimes \mu + \upsilon \otimes \iota_N + \varepsilon \qquad (2.19)$$
$$\varepsilon \sim N(0_{NT}, \ \sigma^2 V)$$

第二章 SDM、SEM、SDEM、SLX 模型

$$V = \begin{pmatrix} \nu_1 & 0 & \cdots & 0 \\ 0 & \nu_2 & \cdots & 0 \\ \vdots & & \ddots & \vdots \\ 0 & \cdots & 0 & \nu_{NT} \end{pmatrix}$$

$$\pi(\beta) \sim N(c, C) \tag{2.20}$$

$$\pi(\gamma/\nu_i) \sim iid\chi^2(\gamma), \quad i=1, \cdots, NT \tag{2.21}$$

$$\pi(\sigma^2) \sim IG(a, b) \tag{2.22}$$

这个模型的最大似然估计可以直接调用前文的 OLS 相关函数得到,因此工具箱里没有新的对该模型进行最大似然估计的函数。类似地,工具箱中的 $slx\_panel\_FE\_g$ () 函数允许用户进行稳健/异方差估计以及为参数 β, θ, σ^2 指定先验分布。当然,调用函数 $ols\_panel\_FE\_g$ () 也可以完成这些功能,但是该函数并不会像 $slx\_panel\_FE\_g$ () 函数那样输出总效应估计。

[例] 运用 $slx\_panel\_FE\_g$ () 函数

下面的程序对 2.2.1 节 SEM 的示例模型,即大流行期间的劳动力市场模型进行了估计。我们估计了 SDEM 以及 SLX 模型,如果不存在设定偏误(mis-specification)问题,这两组估计应该是等价的。我们采用了同方差干扰项的选项。

程序利用 $\beta+\theta$ 估计对衡量社交距离的 $athome$ 变量的相关估计进行了比较。我们感兴趣的是该变量的总效应在两组估计中是否一致,其中,总效应包括直接效应(该变量的参数 β)以及间接效应(该变量的参数 θ)。

对于 SDEM 和 SLX 模型,都可以利用相应的 MCMC 抽样为 $athome$ 变量的总效应构造后验分布:将两个参数的 MCMC 抽样加起来,然后调用工具箱中的 $pltdens$ () 函数。

```
% file: slx_panel_gd
clear all;
[unclaims, b] = xlsread ('../demo_data/weekly.xlsx', 1);
% read data from sheet 1 of Excel spreadsheet
% growth rate of unemployment 2019-2020 from same week, previous year
snames = strvcat (b (2: end, 1) ); % 48 state names
tnames = strvcat (b (1, 2: end) ); % 51 week labels
[N, T] = size (unclaims);
[jobposts, b] = xlsread ('../demo_data/weekly.xlsx', 2);
% read data from sheet 2 of Excel spreadsheet
% change in job offers from 1st week of 2020
[athome, b] = xlsread ('../demo_data/weekly.xlsx', 3);
```

```
% read data from sheet 3 of Excel spreadsheet
% growth rate of percent population at home
% 2019-2020 from same week, previous year
[a, b] = xlsread ('../demo_data/Wcont48.xlsx');
% 48 x 48 contiguity matrix for states
W = normw (a);

y = vec (unclaims);
x = [vec (jobposts) vec (athome) ];
vnames = strvcat ('y = unclaims','jobposts','athome');

info.model = 3;
ndraw = 2500;
nomit = 500;
info.novi_flag = 1;
result1 = slx_panel_FE_g (y, x, W, T, ndraw, nomit, info);
prt_panel (result1, vnames);

prior.novi_flag = 1;
prior.model = 3;
result2 = sdem_panel_FE_g (y, x, W, T, ndraw, nomit, prior);
prt_panel (result2, vnames);

betao = result1.bdraw (:, 2);
betas = result2.bdraw (:, 2);
beta_diff = betas - betao;

thetao = result1.bdraw (:, 4);
thetas = result2.bdraw (:, 4);
theta_diff = thetas - thetao;


[h1, f1, y1] = pltdens (betao + thetao);
[h2, f2, y2] = pltdens (betas + thetas);
[h3, f3, y3] = pltdens (beta_diff + theta_diff);
```

```
subplot (2, 1, 1),
plot (y1, f1,´. - r´, y2, f2,´. - b´);
ylabel (´\ beta + \ theta posteriors´);
xlabel (´total effects values´);
legend (´\ beta_o + \ theta_o´,´\ beta_s + \ theta_s´);
subplot (2, 1, 2),
plot (y3, f3,´. - g´);
ylabel (´Posterior for differences´);
xlabel (´total effects values´);
zipi = find (y3 > 0);
line ( [0 0], [0 f3 (zipi (1, 1) ) ] );
legend (´total effects differences´,´zero´);

% trapezoid rule integration
sum_all = trapz (y3, f3);
sum_positive = trapz (y3 (zipi, 1), f3 (zipi, 1) );
prob = sum_positive/sum_all
```

程序运行后得到的估计结果如下,可以发现误差项存在显著的空间相关性,$\hat{\rho}=0.181$且在99%的水平上显著。两个模型的估计结果非常接近,表明模型设定没有问题。

与 SEM 估计类似,工作机会对于持续失业的直接效应是负的,能降低持续申请失业保险的人数,但以居家人口占比衡量的社交距离的直接效应是正的,会提高持续申请失业保险的人数。工作机会的间接效应并不显著,表明邻近州的工作机会对于州自身的失业保险人数没有影响。邻近州的社交距离对于州自身的失业保险人数有负向的影响,表明州 j 的社交距离越远,则州 i 将有越少的人持续申请失业保险。这个结果并不完全是意料之中的,但读者应该注意,这里所估计的关系是一种未知的简化形式的关系,它可能反映的是劳动力需求和供给的同时变化。由于跨境购物的减少,州 j 的社交距离可能会影响州 i 的劳动力需求,因为产品市场需求的减少会使劳动力需求减少。这当然会导致失业救济申请增加而非减少。另一方面,州 j 社交距离的增加可能会导致其相对于州 i 的劳动力供给减少。州 i(相对于邻州 j)劳动力供给的增加可能导致失业救济申请减少。

对于 SLX 和 SDEM 估计是否存在显著差异这个问题,可以利用总效应的后验分布进行一个正式的检验。我们只关注 *athome* 变量的总效应,因为工作机会的间接效应并不显著。

% output from running slx_panel_gd.m file
Homoscedastic model
MCMC SLX model with both region and time period fixed effects
Dependent Variable = y = unclaims
R-squared = 0.9463
corr-squared = 0.0155
sigma^2 = 0.0536
Nobs, Nvar, #FE = 2448, 3, 99
log-likelihood = 111.18804
prior rvalue = 0
total time in secs = 0.4510
time for MCMC draws = 0.3150
****

Variable	Coefficient	Asymptot t-stat	z-probability
jobposts	-0.176953	-4.105915	0.000040
athome	0.650626	4.200285	0.000027
W-jobposts	-0.011948	-0.142307	0.886838
W-athome	-0.888300	-3.831339	0.000127

Direct	Coefficient	t-stat	t-prob	lower 05	upper 95
jobposts	-0.176942	-4.105675	0.000042	-0.257517	-0.091206
athome	0.651587	4.206487	0.000027	0.348756	0.947593

Indirect	Coefficient	t-stat	t-prob	lower 05	upper 95
jobposts	-0.010462	-0.124616	0.900837	-0.170434	0.152438
athome	-0.886316	-3.822782	0.000135	-1.338343	-0.433241

Total	Coefficient	t-stat	t-prob	lower 05	upper 95
jobposts	-0.187405	-1.973288	0.048575	-0.371439	-0.006085
athome	-0.234729	-1.353233	0.176106	-0.567142	0.108287

Homoscedastic model
MCMC SDEM model with both region and time period fixed effects
Dependent Variable = y = unclaims
R-squared = 0.9463
corr-squared = 0.0154
sigma^2 = 0.0521
Nobs, Nvar, #FE = 2448, 2, 99

```
ndraw, nomit = 2500, 500
rvalue = 0
min and max rho = -1.0000, 1.0000
total time in secs = 104.6910
time for eigs = 3.7190
time for MCMC draws = 100.8390
Pace and Barry, 1999 MC lndet approximation used
order for MC appr = 50
iter for MC appr = 30
* * * * * * * * * * * * * * * * * * * * * * * * * * * * * * * *

Variable        Coefficient     Asymptot t-stat     z-probability
jobposts        -0.177517       -4.134828           0.000036
athome           0.641812        4.437838           0.000009
W * jobposts    -0.038764       -0.456264           0.648200
W * athome      -0.878178       -3.772421           0.000162
rho              0.181630        7.144259           0.000000


Direct      Coefficient     t-stat       t-prob       lower 05      upper 95
jobposts    -0.177517       -4.134828    0.000037     -0.265611     -0.092218
athome       0.641812        4.437838    0.000009      0.360289      0.929682

Indirect    Coefficient     t-stat       t-prob       lower 05      upper 95
jobposts    -0.038764       -0.456264    0.648240     -0.209086      0.126606
athome      -0.878178       -3.772421    0.000166     -1.346516     -0.424855

Total       Coefficient     t-stat       t-prob       lower 05      upper 95
jobposts    -0.216281       -2.151561    0.031529     -0.417793     -0.020550
athome      -0.236366       -1.164551    0.244314     -0.636203      0.182737

prob = 0.5087
```

图 2.4 展示了 athome 变量总效应的后验分布，该分布通过加总州自身 athome 变量的参数 β_2 的 MCMC 抽样和邻近州 athome 变量的参数 θ_2 的 MCMC 抽样得到的。基于这些 SLX 和 SDME 估计的总效应的差异，我们构造了另一个后验分布，见图 2.4 的下半部分。这个分布以 0 为中心展开，基于梯形积分求大于 0 值的面积在全部面积中的占比，得到的概率为 0.5087[①]，与我们之前看到的后验分布一致。因此，可以拒绝总效应存在显著差异这个原假设。

---

① 所得概率与原文有出入，这与抽样的随机性有关。事实上，原文与其程序的估计结果也没有完全对应，与作者多次执行程序但未注意更新正文有关。——译者注

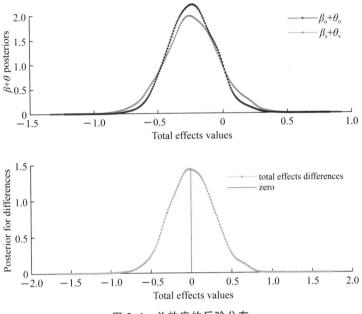

图 2.4 总效应的后验分布

2.5 本章小结

本章提供了使用 SDM、SEM、SDEM 以及 SLX 模型估计函数的示例。本章也展示了对于假设检验，MCMC 抽样非常有用，虽然在形式上贝叶斯并没有进行假设检验，而只是针对参数大小问题计算相应的后验概率。

这里描述的工具箱中生成 MCMC 估计的函数，同时输出参数以及直接、间接和总效应的后验均值，可用于解释来自解释变量的变化如何影响因变量（或结果变量）。如果对于模型参数没有指定限制性很强的先验分布，后验均值（MCMC 估计得到的）将与 ML 估计得到的点估计值（point estimates）等价。prt_panel() 函数输出的 t 统计量反映的是后验均值除以后验标准差，两者都基于保留的 MCMC 抽样。保留抽样（retained draws）是预烧期过后的抽样，依赖于参数的初始值，预烧期内的抽样有一定的任意性，也即 MCMC 采样器平稳运行前需要一定的调整时间。按这里的符号，保留抽样一共有 ndraw-nomit 个。①

Gelfand 等（1990）的一篇论文从理论上证明了，通过组合不同模型参数的 MCMC 抽样，可以对线性回归模型参数的加和、乘积甚至非线性组合构造相应的置信区间并进行推断，这种构造的置信区间是有效的。他们的结论对于这里所考虑的空间回

---

① 在 MCMC 方法中用以保证马尔可夫链达到平稳状态所运行的时间称为预烧期（burn-in period），其迭代次数本书记为 nomit。为避免初始值的影响，预烧期中的 nomit 个迭代值（抽样）需要从样本中去除。——译者注

归模型的 MCMC 估计也适用，大大简化了参数组合的推断。

2.6 本章参考文献

Gelfand，A. E.，S. E. Hills，A. Racine-Poon，*et al*. Illustration of Bayesian Inference in Normal Data Models Using Gibbs Sampling. *Journal of the American Statistical Association*，1990，85.

LeSage，J. P. and R. K. Pace. Interpreting Spatial Econometric Models. M. Fischer，P. Nijkamp (eds). *Handbook of Regional Science*. Springer，Berlin，Heidelberg，2014.

LeSage，J. P. and R. K. Pace. *Introduction to Spatial Econometrics*. CRC Press，Boca Raton，2009.

Pace，R. K.，J. P. LeSage and S. Zhu. Spatial Dependence in Regressors，Advances in Econometrics. Thomas B. Fomby，R. Carter Hill，Ivan Jeliazkov，Juan Carlos Es-canciano and Eric Hillebrand (Series Eds.，Volume editors: Dek Terrell and Daniel Millimet)，Emerald Group Publishing Limited，2012，30.

第三章

空间权重矩阵凸组合模型

本章讨论一些最新的模型,允许在 SAR、SEM、SDM 和 SDEM 面板数据模型设定的估计中引入多个空间权重矩阵的凸组合。凸组合为如下形式:$W_c = \gamma_1 W_1 + \gamma_2 W_2 + \cdots + \gamma_M W_M$[①],其中为各个空间矩阵赋予的权重必须为正并且加总等于 1。这也意味着 $\gamma_M = 1 - \gamma_1 - \gamma_2 - \cdots - \gamma_{M-1}$。

空间回归模型一般依赖单个权重矩阵,如基于空间邻近性(spatial proximity)(一般是邻近区域有共同边界),或者若干(如 m)个最近的邻近区域,或者空间中的点(如企业、消费者、住房)等构造的矩阵。这种方式有两点优势:(1)观测值的地理区位是客观的,并且易于测定;(2)基于地理空间构造的权重矩阵可以视为随时间固定并且在大多数时候是外生的。

对于单单基于观测值的空间区位构造权重矩阵,存在很多质疑。(Corrado and Fingleton,2012)这些质疑部分来源于空间回归模型在跨区流量(interregional flows)方面的应用,跨区流量的情境很丰富,包括产品(如贸易)、人口(如迁移)、知识(如专利引用)、学生同伴团体、社会网络等等,在这些情境下讨论观测值的地理区位直觉上或者理论上都不太有说服力。

小部分文献在进行理论分析后采用反映观测值之间连通性(connectivity)的权重矩阵。例如,Behrens、Ertur 和 Koch(2012 年)推导出了一个基于数量的结构重力方程系统(a quantity-based structural gravity equation system),其中区域在样本中的人口占比,贸易流量和误差项都存在截面相关。Koch 和 LeSage(2015)表明贸易理论中的多边阻力的概念(Anderson and van Wincoop,2003,2004)可以看成一个涉及样本地区的国内生产总值份额以及其他广义的距离因素的同期自回归相关结构(simultaneous autoregressive dependence structure)。

Debarsy 和 LeSage(2018)指出,一旦我们在设定截面观测值之间的依赖关系时采用非空间矩阵(non-spatial metrix),就会出现 LeSage 和 Pace(2011)曾讨论过的一系列问题。Blankmeyer 等(2011)指出:

---

① 为与下文符号保持一致,译文对原文进行了修改。

基于多元相似性标准（广义的距离）定义的单个权重矩阵，需要一种规范来防止尺度差异对各种相似性赋权的影响。（这与空间邻近不同，欧几里得距离（Euclidean distance）提供了自然尺度）

凸组合的形式避免了这种基于广义距离定义的不同矩阵的尺度问题，因为每一个连通矩阵（connectivity matrix）在进入凸组合之前都已经被归一化（normalized）了。注意，权重的凸组合 W_c 会保持行归一化（row-normalization）这个特点。对于所研究的实证模型中各类连通结构的相对重要性，可以用参数 γ_l，$l=1,\cdots,M$ 的估计进行推断。

早期的一些文献也尝试对采用组合的空间权重矩阵的模型进行估计，如 Pace 和 LeSage（2002），Blankmeyer 等（2011）以及 Hazir 等（2018）。要得到这类模型的估计需要处理一系列计算问题。Debarsy 和 LeSage（2018，2021）扩展了 Pace 和 LeSage（2002）的思路，讨论了这类模型的 MCMC 估计。对于估计这些模型，困难之处在于计算对数行列式（logged determinant）：$log|I_{NT}-\rho W|$，遵循 Pace 和 LeSage（2002）的方法，Debarsy 和 LeSage（2021）按一个泰勒级数展开（Taylor series expansion）进行处理。

本工具箱中的 MCMC 估计命令采用泰勒级数展开的方法，当面板数据相应的 N 较小时，这种估计可能不够准确。希望使用本工具箱相关函数的用户能帮助阐明这个问题。

为了开发一种对于这类模型计算效率高的 MCMC 估计方法，不允许指定先验信息并假设干扰项在时间和空间维度上都有相同的方差（在考虑时间和空间双固定效应后）。

3.1 SAR 权重凸组合模型

SAR 权重凸组合模型（SAR convex combination of W model）表达式如式（3.1）所示，其中每一个 $NT\times NT$ 维的矩阵 W_m 都代表了区域之间的某种连通性，并且是一个分块对角阵：$I_T\otimes w_m$，w_m 是一个 $N\times N$ 维的权重矩阵，主对角线元素为 0 且各行加和为 1。例如，考虑两个权重矩阵 w_1，w_2，其中 w_1 可能是一个一阶邻接矩阵（first-order spatial contiguity matrix），w_2 是一个基于 N 个区域之间的商品流量构造的 $N\times N$ 维矩阵。建立权重凸组合模型的动机是允许不同类型的连通性，如上述两个权重所代表的空间联系以及经济联系。

$$y=\rho W_c(\Gamma)y+X\beta+\varepsilon,\quad \varepsilon\sim N(0,\sigma^2 I_n) \quad (3.1)$$

$$W_c(\Gamma)=\sum_{m=1}^{M}\gamma_m W_m,\quad 0\leqslant \gamma_m\leqslant 1,\quad \sum_{m=1}^{M}\gamma_m=1$$

$$\Gamma=(\gamma_1,\cdots,\gamma_M)'$$

式（3.1）中的 $NT\times k$ 矩阵 X 包括外生解释变量，β 为相应的 $k\times 1$ 参数向量。$NT\times 1$ 的 ε 向量代表的是一个服从同方差的正态分布的干扰项。$NT\times 1$ 的被解释变量 y 与在第一章和第二章模型里的形式一样。

式（3.1）的 SAR 模型可以重新写成式（3.2），由于将参数 ρ，γ_m，$m=1$，…，M 分离到 $(M+1)\times 1$ 的向量 ω 中，这个表达式更便于计算。

$$\tilde{y}\omega = X\beta + \varepsilon \tag{3.2}$$

$$\tilde{y} = (y, W_1 y, W_2 y, \cdots, W_M y)$$

$$\omega = \begin{pmatrix} 1 \\ -\rho\Gamma \end{pmatrix}$$

$$\Gamma = \begin{pmatrix} \gamma_1 \\ \gamma_2 \\ \vdots \\ \gamma_M \end{pmatrix}$$

$$\gamma_M = 1 - \gamma_1 - \gamma_2 - \cdots - \gamma_{M-1}$$

分离出参数向量 ω 的好处在于，我们可以在 MCMC 采样循环开始之前，先计算 $NT\times(M+1)$ 的矩阵 $\tilde{y}$，因为这个矩阵只包括样本数据。

式（3.2）的似然值（likelihood）如式（3.3）所示，其中 $W=W_1,\cdots,W_M$，我们利用符号 $W_c(\Gamma)$ 代表凸组合矩阵 W_c 取决于向量 Γ 中的参数。

$$f(y\mid X, W; \rho, \Gamma, \sigma^2, \beta) = |R(\omega)|(2\pi\sigma^2)^{-NT/2}\exp\left(-\frac{e'e}{2\sigma^2}\right) \tag{3.3}$$

$$e = \tilde{y}\omega - X\beta$$

$$R(\omega) = I_{NT} - \rho W_c(\Gamma)$$

注意到似然函数（likelihood function）包括 $|R(\omega)|$ 这一项，该项代表了干扰项变换为被解释变量的雅可比行列式（jacobian）。正如上文提到的，这使得模型的 MCMC（或者 ML）估计变得复杂，因为优化（或者 MCMC 抽样）过程中，参数（ρ，Γ）的改变使得我们需要重复计算这个行列式的对数值。

工具箱中的 MCMC 估计函数对 ρ 施加了约束 $\rho\in(-1,1)$，因此 $R(\omega)^{-1} = \sum_{j=0}^{\infty}\rho^j W_c^j(\Gamma)$ 表现为一个潜在的平稳过程（an underlying stationary process）。ρ 的参数空间的真实下限是 $W_c(\Gamma)$ 最小特征值（eigenvalue）的一个函数，我们标记为 λ_N，$\rho\in(-\lambda_N^{-1},1)$[①]。对于有效估计来说，这会引发另外的问题，因为只要 Γ 中的参数发生改变，最小特征值就需要重新计算。

---

① 注意到，因为构成分块对角阵 W_c 的矩阵 w_m 是 $N\times N$ 维的，我们只有 N 个特征值。

如果用户对这个模型的 MCMC 估计的计算细节感兴趣，可以参考 Debarsy 和 LeSage（2021）。这里的重点是在研究中应用这些模型，并将其扩展到 SDM 和 SDEM 中，对此，Debarsy 和 LeSage（2021）没有讨论。

相对于既有的所谓高阶模型（higher-order models），凸组合的方法对于涉及多个权重矩阵的空间回归设定具有一定的优势。高阶模型表达式见式（3.4）。(Lacombe, 2004）

$$y = \rho_1 W_1 y + \rho_2 W_2 y + \rho_3 W_3 y + X\beta + \varepsilon \tag{3.4}$$
$$\varepsilon \sim N(0, \sigma^2 I)$$

这类模型面临许多理论上和计算上的问题。一是自相关参数（dependence parameter）ρ_1 的取值范围取决于 ρ_2，ρ_3 的非线性组合，这将导致计算上的问题。二是该模型的偏导数矩阵有如下形式：$\partial E(y)/\partial x_r = (I_{NT} - \rho_1 W_1 - \rho_2 W_2 - \rho_3 W_3)^{-1} I_{NT} \beta_r$，这需要专门的软件代码。

注意到在凸组合模型中，有 $\partial E(y)/\partial x_r = (I_{NT} - \hat{\rho} W_c(\hat{\Gamma}))^{-1} I_{NT} \hat{\beta}_r$，因此给定参数估计 $\hat{\rho}$，$\hat{\Gamma}$，我们便可以依赖 LeSage 和 Pace（2009）描述的高效计算方式去计算标量效应估计。

以下演示了 SAR 凸组合估计函数的运用。

[例] 运用 *sar_conv_panel_FE_g*（）函数

下面的程序利用 arc_map_version1.0 工具箱中的 *shape_read*（）函数读入一个 Arcview shape 文件。该工具箱可以从网站 www.spatial-econometrics.com 下载（该工具箱与计量工具箱是分开的），在 download 制表符下，是一个 zip 文件。解压缩后，利用 set path 工具将不是压缩的文件夹 arc_map_version1.0 添加到 MATLAB 路径下。下载的文件包含示例中采用的关于美国 3,111 个县的 Arcview shape 文件。

程序使用计量工具箱中的 *xy2cont*（）函数，提取了各县质心的经纬度坐标，并使用 MATLAB 的德劳内三角剖分（Delaunay triangulation）算法生成了一个空间邻接权重矩阵，这里命名为 *Wcont*。

第二个权重矩阵 W_6 是利用计量工具箱中的 *make_neighborsw*（）函数构造的，基于经纬度坐标并对 6 个邻近县赋予一样的权重。

第三个矩阵 *Wdist* 基于逆距离（inverse distances）构造，并以最近的 6 个邻居为界限（cut-off）。这首先是利用工具箱中的 *distance*（）函数生成一个成对距离矩阵，之后利用元素除元素（element-by-element division）的方法，即（ones（n, n）./Wdist），转化为逆距离，最后利用元素乘元素（element-by-element multiplication）的方法乘以 W_6，这时所有不在 6 个最近邻集合里的区域间的距离都将变成 0。注意到，利用工具箱中的 *normw*（）函数，最后的结果是行归一化的。

真实的 DGP 只是采用了三个矩阵中的两个，也就是 $Wcont$ 和 W_6，因为真实的 γ_m，$m=1$，2，3 分别被赋值 $\gamma_1=0.3$，$\gamma_2=0.7$，$\gamma_3=0$。

通过调用 sar_panel_FE（）函数，$Wtrue$ 矩阵被用于进行 ML 估计，该矩阵是这样构造的：$W_c=0.3Wcont+0.7W6$。

第二组估计调用 $sar\_conv\_panel\_g$（）函数并输入所有三个 W 矩阵，生成了模型参数 β，ρ，γ_1，γ_2，γ_3，σ^2 的估计值。

第三组估计通过调用 $sar\_conv\_panel\_g$（）函数得到，但是利用了两个真实的 W 矩阵，即 $Wcont$ 和 W_6。

```
% sar_conv_panel_gd demo file
clear all;
rng (10203444);

% read an Arcview shape file for 3, 111 US counties
map_results = shape_read ('../demo_data/uscounties_projected');
latt = map_results. data (:, 3);
long = map_results. data (:, 4);
n = length (latt);
t = 20;
% plot (long, latt,'.');

[j, Wcont, j] = xy2cont (latt, long); % Delaunay contiguity W

W6 = make_neighborsw (latt, long, 6); % 6 nearest neighbors W

Wdist = distance (latt, long) + eye (n);
% create inverse distance with a 6 neighbor cut-off W
Wcut = (ones (n, n) ./Wdist) .* W6;
Wdist = normw (Wcut);

rho = 0.6;
k = 2;
x = randn (n * t, k);
beta = ones (k, 1);
sige = 1;
evec = randn (n * t, 1) * sqrt (sige);
```

```
gamma1 = 0.3;
gamma2 = 0.7;
gamma3 = 0.0;

Wc = gamma1 * kron (eye (t), Wcont) + gamma2 * kron (eye (t), W6) + gamma3 * kron (eye
(t), Wdist);

% add fixed effects to the DGP
tts = (1: n) * (1/n);
SFE = kron (ones (t, 1), tts');
ttt = (1: t) * (1/t);
TFE = kron (ttt', ones (n, 1) );

y = (speye (n*t) - rho*Wc) \ (x*beta + SFE + TFE + evec);

ndraw = 50000;
nomit = 20000;
prior.model = 3;
prior.novi_flag = 1;
prior.thin = 4;
prior.plt_flag = 1;

Wtrue = gamma1 * Wcont + gamma2 * W6;

result1 = sar_panel_FE (y, x, Wtrue, t, prior);
vnames = strvcat ('y','x1','x2');
fprintf (1,'sar_panel_FE based on true Wc \n');
prt_panel (result1, vnames);

Wmatrices = [kron (eye (t), Wcont) kron (eye (t), W6) kron (eye (t), Wdist) ];

result2 = sar_conv_panel_g (y, x, Wmatrices, n, t, ndraw, nomit, prior);
vnames = strvcat ('y','x1','x2');
fprintf (1,'sar_conv_panel_g with 3 W-matrices \n');
prt_panel (result2, vnames);
```

```
Wmatrices = [Wcont W6];

result3 = sar_conv_panel_g (y, x, Wmatrices, n, t, ndraw, nomit, prior);
vnames = strvcat (´y´,´x1´,´x2´);
fprintf (1,´sar_conv_panel_g with 2 true W-matrices \n´);
prt_panel (result3, vnames);
```

调用 $sar\_conv\_panel\_g$（）函数时，用户选项设为区域和时间双固定效应模型（prior. model=3），也是同方差模型（prior. novi_flag=1）。目前，稳健/异方差模型还不可用，将来可能会开发出来。选项 prior. thin=4 表明我们将每4次保留1次 MCMC 抽样用于生成后验估计。因为我们预设的 MCMC 抽样次数为 50,000 次，其中忽略刚开始的 20,000 次，这将导致最后返回的结果有 30,000/4=7,500 次 MCMC 抽样，用于参数（β, σ, ρ, γ）估计以及直接、间接和总效应的标量汇总估计。另一个输入选项是 prior. plt_flg=1，将生成一幅关于 MCMC 参数抽样的图，每 1000 次 MCMC 抽样后出现，并在下一个 1000 次抽样后更新。

图3.1展示的是最后的 1000 次 MCMC 抽样，我们可以看到 γ, ρ, β, σ^2 的抽样。如果图形平稳（正如图 3.1 所示），表明 MCMC 抽样是成功的；如果图形不平稳，参数的抽样在各个取值上徘徊，则意味着存在问题。

三组估计的结果如下，我们可以看到基于真实矩阵的 ML 估计得到了参数 β, ρ, σ^2 的精确估计。

当然，在实践中我们希望估计凸组合权重中的参数 γ_m，$m=1, 2, 3$，正如第二组估计调用 $sar\_conv\_panel\_g$（）函数得到的结果。对于参数 β 的估计与真实值 1 非常接近（两个 β_k，$k=1, 2$），同时估计的 $\rho=0.611$ 与该参数的真实值 0.6 也非常接近。$\gamma_1=0.324$，与真实值 0.30 接近。$\gamma_2=0.6576$，与真实值 0.7 接近。$\gamma_3=0.0183$，但 t 统计量为 1.503，并不显著不为 0。

```
% results from running sar_conv_panel_gd.m
sar_panel_FE based on true Wc

Homoscedastic model
MaxLike SAR model with both region and time period fixed effects
Dependent Variable = y
R-squared = 0.8065
corr-squared = 0.6668
sigma^2 = 0.9571
Nobs, Nvar, #FE = 62220, 3, 3131
```

```
log-likelihood = -89124.943
# of iterations = 16
min and max rho = -1.0000, 1.0000
total time in secs = 0.9220
time for lndet = 0.0700
time for MCMC draws = 0.0570
Pace and Barry, 1999 MC lndet approximation used
order for MC appr = 50
iter for MC appr = 30
* * * * * * * * * * * * * * * * * * * * * * * * * * * * * * * * * * *
```

Variable	Coefficient	Asymptot t-stat	z-probability		
x1	1.002952	248.164276	0.000000		
x2	1.005512	248.853611	0.000000		
rho	0.594966	187.250463	0.000000		

Direct	Coefficient	t-stat	t-prob	lower 05	upper 95
x1	1.083038	239.300525	0.000000	1.073812	1.091608
x2	1.085925	248.191672	0.000000	1.077033	1.094264

Indirect	Coefficient	t-stat	t-prob	lower 05	upper 95
x1	1.393332	77.208260	0.000000	1.357175	1.428575
x2	1.397043	78.088544	0.000000	1.362902	1.433187

Total	Coefficient	t-stat	t-prob	lower 05	upper 95
x1	2.476370	120.083746	0.000000	2.435976	2.514884
x2	2.482968	122.455556	0.000000	2.443266	2.522891

```
sar_conv_panel_g with 3 W-matrices


MCMC SAR convex combination W model with both region and time period fixed effects
Homoscedastic model

Bayesian spatial autoregressive convex W model
Dependent Variable = y
Log-marginal = -110513.2487
Log-marginal MCerror = 0.020279
R-squared = 0.8074
corr-squared = 0.6668
```

mean of sige draws = 0.9528
posterior mode sige = 0.9526
Nobs, Nvars = 62220, 2
ndraws, nomit = 50000, 20000
time for effects = 11.5530
time for sampling = 143.1940
time for Taylor = 4.4390
thinning for draws = 4
min and max rho = -1.0000, 1.0000

* *

MCMC diagnostics ndraws = 7500

Variable	mode	mean	MC error	tau	Geweke
x1	1.0007	1.0007	0.00002863	1.006556	0.999987
x2	1.0031	1.0031	0.00003875	0.987504	0.999574
rho	0.6114	0.6111	0.00005099	1.603191	0.999424
gamma1	0.3254	0.3241	0.00036272	3.897062	0.992308
gamma2	0.6667	0.6576	0.00037861	4.064079	0.994529
gamma3	0.0078	0.0183	0.00018479	2.068629	0.937438

* *

Posterior Estimates

Variable	Coefficient	Asymptot t-stat	z-probability
x1	1.000665	246.182515	0.000000
x2	1.003123	247.179495	0.000000
rho	0.611078	186.010508	0.000000
gamma1	0.324072	19.951957	0.000000
gamma2	0.657635	35.499576	0.000000
gamma3	0.018292	1.503714	0.132655

Direct	Coefficient	t-stat	t-prob	lower 05	upper 95
x1	1.086985	240.576757	0.000000	1.077954	1.095778
x2	1.089655	242.436183	0.000000	1.080807	1.098463

Indirect	Coefficient	t-stat	t-prob	lower 05	upper 95
x1	1.486115	70.930771	0.000000	1.445022	1.526585
x2	1.489764	71.185008	0.000000	1.450488	1.530950

Total	Coefficient	t-stat	t-prob	lower 05	upper 95
x1	2.573100	109.474472	0.000000	2.526903	2.618723

x2	2.579419	110.103051	0.000000	2.535267	2.624969

sar_conv_panel_g with 2 true W-matrices

MCMC SAR convex combination W model with both region and time period fixed effects
Homoscedastic model

Bayesian spatial autoregressive convex W model
Dependent Variable = y
Log-marginal = −110508.6217
Log-marginal MCerror = 0.015417
R-squared = 0.8074
corr-squared = 0.6668
mean of sige draws = 0.9526
posterior mode sige = 0.9527
Nobs, Nvars = 62220, 2
ndraws, nomit = 50000, 20000
time for effects = 11.3290
time for sampling = 133.4410
time for Taylor = 1.4440
thinning for draws = 4
min and max rho = −1.0000, 1.0000

* *

MCMC diagnostics ndraws = 7500

Variable	mode	mean	MC error	tau	Geweke
x1	1.0007	1.0008	0.00005889	1.036985	0.999784
x2	1.0031	1.0031	0.00004634	1.027464	0.999963
rho	0.6115	0.6116	0.00003750	1.452704	0.999934
gamma1	0.3276	0.3278	0.00022096	1.740539	0.996408
gamma2	0.6724	0.6722	0.00022096	1.740539	0.998249

* *

```
Posterior Estimates
Variable      Coefficient      Asymptot t-stat      z-probability
  x1           1.000827          247.101835          0.000000
  x2           1.003137          247.496725          0.000000
  rho          0.611555          184.570380          0.000000
  gamma1       0.327769           21.143721          0.000000
  gamma2       0.672231           43.364248          0.000000

Direct         Coefficient      t-stat        t-prob         lower 05      upper 95
  x1            1.087152        240.667503    0.000000       1.078110      1.095878
  x2            1.089662        242.170576    0.000000       1.080847      1.098565

Indirect       Coefficient      t-stat        t-prob         lower 05      upper 95
  x1            1.489524         70.207059    0.000000       1.448321      1.530952
  x2            1.492962         70.545563    0.000000       1.451830      1.534848

Total          Coefficient      t-stat        t-prob         lower 05      upper 95
  x1            2.576677        108.265110    0.000000       2.530217      2.623034
  x2            2.582624        109.049276    0.000000       2.536745      2.630006
```

对上述输出结果需要注意的是关于针对 SAR 凸组合模型 MCMC 抽样（MCMC sampling）估计收敛性的一组诊断。当采用 MCMC 的方法估计复杂的模型时，人们经常担心抽样估计过程是否会卡在部分参数空间中并产生非收敛估计。对于诊断 MCMC 抽样过程的收敛性，有大量文献考察了其他替代方法，我们已将一些比较流行的收敛诊断纳入凸组合模型的输出结果中。为这类模型生成 MCMC 估计的方法非常复杂，并且依赖于拥有大量的近似数值，使得用户更有可能遇到收敛问题。对于非凸组合权重矩阵的静态面板空间回归模型，MCMC 抽样（MCMC sampler）的收敛性不是问题，除非使用了缩放不良的变量（poorly scaled variable）或者存在共线性问题的解释变量。

诊断部分汇报了均值（mean）和众数（mode），能够表明模型参数的 MCMC 抽样分布的对称程度。注意到参数 γ_1、γ_2 被限制在（0，1）区间内，接近 0 和 1 边界的估计将是偏斜的（skewed）。对于第二组估计，真实值 $\gamma_3=0$，我们发现均值估计是 0.0183，远高于众数① 0.0078，表明这组 MCMC 抽样是右偏的（right-skewed）。

---

① modal value，这里应该是众数。

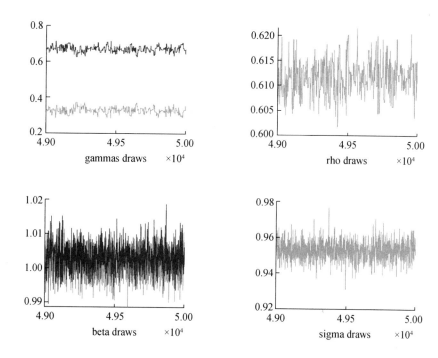

图 3.1　MCMC 抽样监测

诊断部分同样汇报了一个有关准确度或者误差的估计值,这种准确度或者误差是由 MCMC 抽样引起的,这个值相对于参数估计值应该比较小,在输出结果中标记为 MC error,是基于 MCMC 抽样系列计算的距批量均值的标准差(离散程度的一种度量)。

tau 诊断指标是抽样的自相关性估计值,对于独立的没有相关关系的 MCMC 抽样,其方差将是 1/抽样次数(ndraws)的某个函数,因此,更多的抽样将降低估计的不确定性。对于有相关关系的抽样,方差将是 tau/ndraws 的某个函数,因此,我们希望看到 tau 的估计值接近 1,估计值过大(如 10)意味着需要增加有效抽样。正式地,tau 是 MCMC(链)"忘记"自己起始点的抽样次数。因此,如果 tau=10,并且进行了 20,000 次 MCMC 抽样,我们将只有 2,000 次"有效的"抽样可以用于计算我们待估参数的均值、标准差等。基于三个 W 矩阵模型的输出结果可以看到,对于参数 β 的抽样,tau 值接近 1(1.0065 和 0.9875)①,ρ 抽样的值为 1.6031,而 γ 抽样的值在 2.069 到 4.064 之间。因为在输入选项中选择了为 MCMC 抽样"瘦身"(稀释),也即每 4 次抽样保留 1 次,这帮助我们避免了抽样的自相关性,但 tau 诊断显示出参数的 MCMC 抽样存在自相关。后文我们将对此作出更多说明。

输出结果中的 Geweke 统计量用于检验前 10% 和后 50% 的 MCMC 抽样均值是否

---

① 这里的结果为译者重新执行程序得到,与原文有些出入。

均等，可以在1-Geweke的水平上认为均等。因此，0.05的取值代表我们在95%的水平上不能拒绝均等。当然，抽样均等意味着收敛，因此我们希望看到Geweke有一个大的取值，这样就可以确信MCMC收敛。在上面的输出结果中，大部分的Geweke统计量都是0.99，也就是在高于99%的水平上所有参数的抽样都收敛。

如果对收敛性存在担忧，我们可以基于一个更大的MCMC抽样生成估计。注意到，在我们的样本中$N=3111$，$T=20$，$N×T=62,220$，生成20,000次抽样耗时35秒左右，生成我们这里汇报的基于50,000次抽样的估计结果耗时75秒。

图3.2是基于ndraw=50,000，nomit=20,000，prior.thin=10执行程序得到的余下3,000次MCMC抽样的直方图（histogram）。这和基于均值以及中位数对分布的偏态作出的判断是一致的。

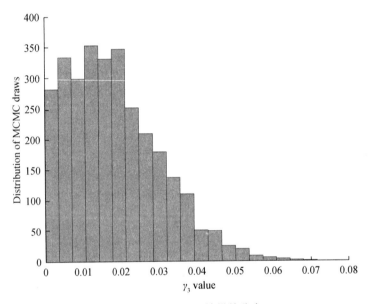

图3.2　γ_3 MCMC抽样的分布

需要指出的一个可能存在的问题是，当权重凸组合模型包含许多冗余或不相关的矩阵时，将导致与这些权重相关联的，真值为0的γ参数有非零的估计。如果只有一个或两个不相关的权重矩阵，将对真正相关的权重矩阵的γ的估计产生微小的影响。然而，如果有大量这样的矩阵，那么小的影响可能会积累起来并对非零γ估计产生重大的影响，从而影响我们的结论。对基于两个或多个权重矩阵所有可能组合的模型，Debarsy和LeSage（2021）展示了如何计算后验模型概率。估计程序输出了各个模型的对数边缘似然函数（log-marginal likelihood function）的估计，可以用于判断在给定样本数据和各种备选权重矩阵的情况下，哪个模型是最优的。给定某个模型M_q的对数边缘似然函数，记为$LogM_q$，我们可以计算第q个模型的相应的后验概率（posterior probability），即 $prob(M_q) = \exp(LogM_q) / \sum_{q=1}^{Q}(LogM_q)$（在一共有 Q 个模型的情况下）。最高的 $prob(M_q)$ 会对以下问题作出回答：哪个模型与样本数据最一致？答案并不依赖于参数值，因为在生成对数边缘似然函数和相关的模型概率时，已经对联合似然值中的参数进行了积分。稍后，我们将对此进行演示。

对于真实的两个 W 的模型，对数边缘似然值是 -110508.6217，对于基于三个 W 的模型，该值为 -110513.2487，这表明 0.9903 的概率偏好（真实的）两个 W 的模型，0.0097 的概率偏好（不正确的）三个 W 的模型。这些概率可以利用工具箱中的 $model\_probs()$ 函数得到，输入一个对数边缘似然函数的列向量，将返回模型概率，例如：

```
lmarg = [ -110508.6217
         -110513.2487];

model_probs (lmarg)
    0.9903
    0.0097
```

3.1.1 权重凸组合模型的局限性

本章余下的部分将描述在其他空间回归设定（spatial regression specifications）中如何应用权重凸组合模型。但在此之前，需要重点关注在实践中采用这些模型的一些潜在问题：

第一，如果想要对不同空间权重矩阵之间的差异进行采样，则需要足够大的区域样本量 N，才能使得到的统计结论有意义。当试图对不同矩阵相对重要还是不重要进行准确的计算时，面板中的时间维度（T）一般不如维度 N 那样重要。

第二，当空间依赖（spatial dependence）不存在时，明确哪些权重矩阵是相关的将变得不可能，因为缺乏空间依赖意味着不需要任何权重矩阵。

第三，对于两个非常相似的，只是某几行或者某几列元素有差别的空间权重矩阵，想要对两者之间的差异进行采样是不太可能的。

本节使用应用示例来说明这些问题，示例数据通过改变以下变量得到：一是样本量 N；二是空间依赖程度；三是权重矩阵的相似性。

3.1.2 区域数量 N 的作用

下面的程序采用 SAR 设定，基于 4 个 W 矩阵，$N=48$ 个州，$T=20$ 年的样本生成 y。W_1 基于 2017 年州与州之间的商品流（commodity flows）定义，W_2 反映了各州之间共同边界的长度，W_3 是一个邻接矩阵（contiguity matrix），为两两接壤的州指定相同的权重，W_4 基于最近 6 邻的逆距离权重定义。

一个需要思考的问题是，这些矩阵有多相似？LeSage 和 Pace（2014）提出利用权重矩阵 W_a，W_b 以及一个随机正态向量（random normal vector）u 的矩阵－向量乘积，将权重矩阵转变成一个向量，然后考察两者之间的相关性，即 corr（$W_a u$，$W_b u$）。sar_conv_panel_gd2 程序就这样做了，得到的结果如下：

Correlation	Wcom	Wborder	Wcont	Wdist
Wcom	1.0000	0.7647	0.8187	0.5824
Wborder	0.7647	1.0000	0.9213	0.8411
Wcont	0.8187	0.9213	1.0000	0.7246
Wdist	0.5824	0.8411	0.7246	1.0000

考虑这种情形，如果两个矩阵 W_a，W_b 完全一样并且我们希望估计两个矩阵的权重参数 γ，$1-\gamma$，$\gamma=0.5$ 的答案与 $\gamma=1$ 或者 $\gamma=0$ 的答案都会生成相同的 W_c。这意味着我们面临一个没有解决方案的错误定义的问题（ill-defined problem），即我们可以说在这种情况下参数 γ 是不可识别的（unidentified）。直观地说，当矩阵 W_a，W_b 非常相似时，我们将难以为参数 γ 生成有效估计。我们将在下一节更详细地探讨这一点。

这里我们注意到 Wborder 和 Wcont 之间的相关性达到 0.9213，这是有道理的，因为邻接矩阵为所有接壤州赋予相同的权重，而边界长度矩阵基于共同边界的长度为各个邻近的州赋予有差异的权重。两个矩阵中非零元素的位置都是一样的，但是为这些非零元素赋予的权重存在差异。基于逆距离的，以最近 6 邻为界的权重矩阵（Wdist）和 Wborder，Wcont 之间的相关性也比较高。平均而言，每个州有 6 个左右的邻居，因此，逆距离矩阵当然会与 Wcont 和 Wborder 高度相关，相应的相关系数分别为 0.7246 和 0.8411。

另外，应该采用包含大量零元素的稀疏（sparse）权重矩阵。逆距离矩阵所有的矩阵元素都非零，这对于估计这些模型时计算 log-determinants 用到的四阶泰勒级数展开是非常不利的。简而言之，不要使用满值的 W 矩阵，因为它们可能会产生错误的估计结果。

程序生成了三组不同的估计，第一组估计采用 sar_panel_FE_g（）函数并只依靠真实的 W_c 矩阵进行估计，当然这个矩阵在实践应用中是未知的。包含这个模型的估计结果是为了表明，给定准确的参数 γ_m，$m=1,\cdots,4$ 的估计，将可以生成模型参数 β，ρ，σ^2 以及相关直接和间接效应的准确估计。

第二组估计试图利用 sar_conv_panel_g（）估计函数生成参数 γ_m，$m=1,\cdots,4$ 的估计值。

第三组估计反映了这样一种情况，DGP包括四个（正确的）矩阵但用户忽略了其中的两个。这组估计有助于阐明排除相关的权重矩阵会造成的后果。我们在上一小节中已经注意到，包含不相关的权重矩阵可能会使γ的估计值产生偏差，因此这组估计集中于相反的情况，即我们将相关的权重矩阵排除在考虑范围之外。

```
% sar_conv_panel_gd2 demo file
clear all;
rng (10203040);

map_results = shape_read ('../demo_data/usstates49');
latt = [map_results.data (1: 8, 2)
        map_results.data (10: end, 2) ]; % skip Washington DC
long = [map_results.data (1: 8, 3)
        map_results.data (10: end, 3) ];

n = length (latt);
t = 20;

W6 = make_neighborsw (latt, long, 6); % 6 nearest neighbors W

Wdist = distance (latt, long) + eye (n);
Winv_distance = zeros (n, n);
dmax = max (max (Wdist) );
for i = 1: n
    for j = 1: n
        if Wdist (i, j) ~ = 0
            Winv_distance (i, j) = 1/Wdist (i, j);
        else
            Winv_distance (i, j) = 1/dmax;
        end
    end
end
% create inverse distance with a 6 neighbor cut-off W
Wtmp = Winv_distance .* W6;
Winv_distance = normw (Wtmp);
```

```matlab
% state-to-state commodity flows, 2017
[a, b] = xlsread ('../demo_data/cflows_2017.xlsx');
% set main diagonal (intrastate flows) to zero
diaga = diag (a);
W = a - diag (diaga);

Wcom_flows = normw (W); % row-normalize
% eliminate small elements
for i = 1: n
    for j = 1: n
        if Wcom_flows (i, j) < 0.005
            Wcom_flows (i, j) = 0;
        end
    end
end

Wcom_flows = normw (Wcom_flows);

% miles of common borders between states
[a, b] = xlsread ('../demo_data/states_borders.xlsx');
snames = strvcat (b (2: end,:) );
% only upper triangle
Wmiles = a (:, 2: end);
% make it symmetric
for i = 1: 48
    for j = 1: 48
        if Wmiles (i, j) > 0
            Wmiles (j, i) = Wmiles (i, j);
        end
    end
end
Wborder_miles = normw (Wmiles); % row-normalize

% 48 x 48 binary contiguity matrix for states
[a, b] = xlsread ('../demo_data/Wcont48.xlsx');
Wcontiguity = normw (a);
```

```
% find correlation between W-matrices
u = randn (n, 1);
corr = corrcoef ( [Wcom_flows * u Wborder_miles * u Wcontiguity * u Winv_distance * u] );
inc. cnames = strvcat ('Wcom','Wborder','Wcont','Wdist');
inc. rnames = strvcat ('Correlation','Wcom','Wborder','Wcont','Wdist');
mprint (corr, inc);

rho = 0.7;
k = 2;
x = randn (n * t, k);
beta = ones (k, 1);
sige = 0.1;
evec = randn (n * t, 1) * sqrt (sige);

gamma1 = 0.2;
gamma2 = 0.5;
gamma3 = 0.1;
gamma4 = 0.2;

Wc = gamma1 * kron (eye (t), Wcom_flows) + gamma2 * kron (eye (t), Wborder_miles) + ...
     gamma3 * kron (eye (t), Wcontiguity) + gamma4 * kron (eye (t), Winv_distance);

% add fixed effects to the DGP
tts = (1: n) * (1/n);
SFE = kron (ones (t, 1), tts');
ttt = (1: t) * (1/t);
TFE = kron (ttt', ones (n, 1) );

y = (speye (n * t) - rho * Wc) \ (x * beta + SFE + TFE + evec);

ndraw = 20000;
nomit = 2000;
prior. model = 3;
prior. novi_flag = 1;
prior. thin = 4;
prior. plt_flag = 1;
```

```
Wtrue = gamma1 * Wcom_flows + gamma2 * Wborder_miles + ...
    gamma3 * Wcontiguity + gamma4 * Winv_distance;

result1 = sar_panel_FE_g (y, x, Wtrue, t, ndraw, nomit, prior);
vnames = strvcat ('y','x1','x2');
fprintf (1,'Estimates based on true Wc \n');
prt_panel (result1, vnames);

Wmatrices = [kron (eye (t), Wcom_flows) kron (eye (t), Wborder_miles) kron (eye (t), Wcontiguity) kron (eye (t), Winv_distance) ];

result2 = sar_conv_panel_g (y, x, Wmatrices, n, t, ndraw, nomit, prior);
fprintf (1,'Estimates based on 4 W-matrices \n');
prt_panel (result2, vnames);

Wmatrices = [kron (eye (t), Wcom_flows) kron (eye (t), Wborder_miles) ];

result3 = sar_conv_panel_g (y, x, Wmatrices, n, t, ndraw, nomit, prior);
fprintf (1,'Estimates based on 2 W-matrices \n');
prt_panel (result3, vnames);
```

输出结果如下，从中可以看到基于真实 W 矩阵的估计与 DGP 的真值非常接近。采用 *sar_conv_panel_g* () 函数的第二组估计与真值（已经插入输出结果中）之间有一定的差异，这种差异相比前面 $N=3,111$ 的例子中的相关差异更大。

```
% results from sar_conv_panel_gd2.m
Estimates based on true Wc

Homoscedastic model
MCMC SAR model with both region and time period fixed effects
Dependent Variable = y
R-squared = 0.9784
corr-squared = 0.9379
sigma^2 = 0.0947
Nobs, Nvar, #FE = 960, 2, 68
ndraw, nomit = 20000, 2000
rvalue = 0
```

min and max rho = -1.0000, 1.0000

total time in secs = 15.1350

time for lndet = 0.0910

time for MCMC draws = 13.8580

Pace and Barry, 1999 MC lndet approximation used

order for MC appr = 50

iter for MC appr = 30

* *

Variable	Coefficient	Asymptot t-stat	z-probability
x1	0.983175	93.064061	0.000000
x2	1.003347	96.953417	0.000000
rho	0.703282	60.620586	0.000000

Direct	Coefficient	t-stat	t-prob	lower 05	upper 95
x1	1.133271	78.778148	0.000000	1.105363	1.161901
x2	1.156522	81.160259	0.000000	1.128949	1.184767

Indirect	Coefficient	t-stat	t-prob	lower 05	upper 95
x1	2.185303	17.544238	0.000000	1.954461	2.440836
x2	2.230136	17.574211	0.000000	1.993706	2.488598

Total	Coefficient	t-stat	t-prob	lower 05	upper 95
x1	3.318573	24.620975	0.000000	3.069923	3.594427
x2	3.386658	24.699504	0.000000	3.131133	3.666953

Estimates based on 4 W-matrices

MCMC SAR convex combination W model with both region and time period fixed effects

Homoscedastic model

Bayesian spatial autoregressive convex W model

Dependent Variable = y

Log-marginal = -631.2005

Log-marginal MCerror = 0.045167

R-squared = 0.9785

corr-squared = 0.9418

mean of sige draws = 0.0940

posterior mode sige = 0.0932

```
Nobs, Nvars = 960, 2
ndraws, nomit = 20000, 2000
time for effects = 0.7130
time for sampling = 8.0160
time for Taylor = 0.1780
thinning for draws = 4
min and max rho = -1.0000, 1.0000
***********************************************
MCMC diagnostics ndraws = 4500
```

Variable	mode	mean	MC error	tau	Geweke
x1	0.9800	0.9803	0.00018545	0.967230	0.999135
x2	1.0024	1.0026	0.00017096	0.953358	0.999276
rho	0.6602	0.6597	0.00129213	13.312864	0.998332
gamma1	0.1040	0.1006	0.00224078	14.172586	0.949563
gamma2	0.5951	0.5885	0.00321036	12.963978	0.987634
gamma3	0.1180	0.1242	0.00213079	7.373106	0.913128
gamma4	0.1828	0.1868	0.00059554	2.113492	0.990473

```
***********************************************
Posterior Estimates
```

Variable	Coefficient	Asymptot t-stat	z-probability		True values
x1	0.980289	93.825674	0.000000		
x2	1.002580	96.393547	0.000000		
rho	0.659715	33.084306	0.000000		
gamma1	0.100572	2.797013	0.005158		gamma1 = 0.2;
gamma2	0.588474	11.285973	0.000000		gamma2 = 0.5;
gamma3	0.124188	2.746916	0.006016		gamma3 = 0.1;
gamma4	0.186767	7.107260	0.000000		gamma4 = 0.2;

Direct	Coefficient	t-stat	t-prob	lower 05	upper 95
x1	1.125965	78.901695	0.000000	1.098878	1.154334
x2	1.151571	79.804464	0.000000	1.123808	1.180083

Indirect	Coefficient	t-stat	t-prob	lower 05	upper 95
x1	1.764863	10.648888	0.000000	1.479030	2.122434
x2	1.804977	10.667407	0.000000	1.512525	2.168811

Total	Coefficient	t-stat	t-prob	lower 05	upper 95
x1	2.890828	16.538864	0.000000	2.590671	3.272787

x2	2.956547	16.582821	0.000000	2.648076	3.339394

Estimates based on 2 W-matrices

MCMC SAR convex combination W model with both region and time period fixed effects
Homoscedastic model

Bayesian spatial autoregressive convex W model
Dependent Variable = y
Log-marginal = −656.4057
Log-marginal MCerror = 0.020039
R squared = 0.9770
corr-squared = 0.9377
mean of sige draws = 0.1005
posterior mode sige = 0.0999
Nobs, Nvars = 960, 2
ndraws, nomit = 20000, 2000
time for effects = 0.6410
time for sampling = 6.4990
time for Taylor = 0.2031
thinning for draws = 4
min and max rho = −1.0000, 1.0000

****

MCMC diagnostics ndraws = 4500

Variable	mode	mean	MC error	tau	Geweke
x1	0.9799	0.9798	0.00015719	0.944789	0.998916
x2	1.0031	1.0031	0.00011286	0.995368	0.999751
rho	0.6304	0.6287	0.00083946	7.617887	0.994979
gamma1	0.1407	0.1369	0.00166745	7.792185	0.942754
gamma2	0.8593	0.8631	0.00166745	7.792185	0.990906

****

Posterior Estimates

Variable	Coefficient	Asymptot t-stat	z-probability		
x1	0.979824	90.246319	0.000000		
x2	1.003101	93.717640	0.000000		
rho	0.628689	31.159792	0.000000		True values
gamma1	0.136938	3.604256	0.000313		gamma1 = 0.2;
gamma2	0.863062	22.716097	0.000000		gamma2 = 0.5;

Direct	Coefficient	t-stat	t-prob	lower 05	upper 95
x1	1.111668	79.869587	0.000000	1.084308	1.138778
x2	1.138077	82.091504	0.000000	1.110969	1.165349

Indirect	Coefficient	t-stat	t-prob	lower 05	upper 95
x1	1.534994	10.965408	0.000000	1.286224	1.825756
x2	1.571431	11.001428	0.000000	1.317222	1.870888

Total	Coefficient	t-stat	t-prob	lower 05	upper 95
x1	2.646662	17.916197	0.000000	2.383662	2.955041
x2	2.709507	18.012026	0.000000	2.438515	3.024371

最后一组估计呈现出预期的影响，低估了 γ_1，但高估了 γ_2。关于如何确定权重矩阵是相关的还是不相关的，我们稍后会进一步介绍。

为了说明前面提到的不要采用满值的逆距离矩阵（full inverse-distance matrix），下面展示的估计结果采用了这类矩阵以及其他三个矩阵（参见 sar_conv_panel_gd2a.m 文件）。DGP 采用满值的逆距离矩阵生成了结果变量 y，因此，如果估计程序运行良好，我们将会看到估计结果与 DGP 用的真实参数非常接近。但相反，我们看到的一组估计与真实参数相距甚远。

```
Posterior Estimates
Variable  Coefficient  Asymptot t-stat  z-probability
  x1       0.815589      52.512236       0.000000
  x2       0.833507      52.746188       0.000000
  rho      0.767922      41.324731       0.000000       True values
  gamma1   0.052483       2.037284       0.041622       gamma1 = 0.2；
  gamma2   0.391602      12.521630       0.000000       gamma2 = 0.5；
  gamma3   0.042280       1.624184       0.104337       gamma3 = 0.1；
  gamma4   0.513635      23.159930       0.000000       gamma4 = 0.2；
```

3.1.3 空间依赖 ρ 的作用

应该清楚，如果 $\rho=0$，则没有空间权重矩阵是合适的，因此凸组合的权重 γ_m，$m=1$，…，M 将是不可识别的。这里的示例程序说明了这一点，当面临低水平的空间依赖（如 $\rho=0.1$ 或者 $\rho=0.2$）时，我们成功估计参数 γ_m 的概率将更低。

程序生成了两组估计，一组基于 $\rho=0.1$，另一组基于 $\rho=-0.2$，我们预期当空间依赖程度更高，$\rho=-0.2$ 时，估计将会有所改善。DGP 采用 $N=3,111$ 个样本，正如 sar_conv_panel_gd.m 的演示，当 $=0.6$ 且为函数输入三个正确的权重矩阵时，估计结果将非常准确。

```
% sar_conv_panel_gd demo file
clear all;
rng (10203444);

% read an Arcview shape file for 3,111 US counties
map_results = shape_read ('../demo_data/uscounties_projected');
latt = map_results.data (:, 3);
long = map_results.data (:, 4);
n = length (latt);
t = 20;

[j, Wcont, j] = xy2cont (latt, long); % Delaunay contiguity W

W6 = make_neighborsw (latt, long, 6); % 6 nearest neighbors W

Wdist = distance (latt, long) + eye (n);
% create inverse distance with a 6 neighbor cut-off W
Wcut = (ones (n, n) ./Wdist) .* W6;
Wdist = normw (Wcut);

rho = 0.1;
k = 2;
x = randn (n * t, k);
beta = ones (k, 1);
sige = 1;
evec = randn (n * t, 1) * sqrt (sige);

gamma1 = 0.3;
gamma2 = 0.6;
gamma3 = 0.1;

Wc = gamma1 * kron (eye (t), Wcont) + gamma2 * kron (eye (t), W6) + gamma3 * kron (eye (t), Wdist);
```

```matlab
% add fixed effects to the DGP
tts = (1: n) * (1/n);
SFE = kron (ones (t, 1), tts');
ttt = (1: t) * (1/t);
TFE = kron (ttt', ones (n, 1) );

y = (speye (n*t) - rho*Wc) \ (x*beta + SFE + TFE + evec);

ndraw = 50000;
nomit = 20000;
prior. model = 3;
prior. novi_flag = 1;
prior. thin = 10;
% prior. plt_flag = 1;

Wmatrices = [kron (eye (t), Wcont) kron (eye (t), W6) kron (eye (t), Wdist) ];

result1 = sar_conv_panel_g (y, x, Wmatrices, n, t, ndraw, nomit, prior);
vnames = strvcat ('y','x1','x2');
fprintf (1,'sar_conv_panel_g with rho = 0. 1 \ n');
prt_panel (result1, vnames);


rho = -0. 2;
k = 2;
x = randn (n*t, k);
beta = ones (k, 1);
sige = 1;
evec = randn (n*t, 1) * sqrt (sige);

gamma1 = 0. 3;
gamma2 = 0. 6;
gamma3 = 0. 1;

Wc = gamma1 * kron (eye (t), Wcont) + gamma2 * kron (eye (t), W6) + gamma3 * kron (eye
```

```
(t), Wdist);

    % add fixed effects to the DGP
    tts = (1: n) * (1/n);
    SFE = kron (ones (t, 1), tts´);
    ttt = (1: t) * (1/t);
    TFE = kron (ttt´, ones (n, 1) );

    y = (speye (n*t) - rho * Wc) \ (x * beta + SFE + TFE + evec);

    Wmatrices = [kron (eye (t), Wcont) kron (eye (t), W6) kron (eye (t), Wdist) ];

    result2 = sar_conv_panel_g (y, x, Wmatrices, n, t, ndraw, nomit, prior);
    vnames = strvcat (´y´,´x1´,´x2´);
    fprintf (1,´sar_conv_panel_g with rho = - 0.2 \ n´);
    prt_panel (result2, vnames);
```

下面的输出结果显示，对于 $\rho=0.1$ 的情形，参数 γ_m，$m=1,2,3$ 的估计与真值（已经插入下面的输出结果中）相距甚远。即便如此，估计还是合理的，排序上保持 γ_3 的估计值最小，γ_2 最大，γ_1 在中间。我们还看到对于最小的 $\gamma_3=0.1$ 的估计，分布呈现右偏态，稀释过的 MCMC 抽样的均值为 0.1828，比众数估计值（modal estimates）0.1631 更大。

对于 DGP 设定 $\rho=-0.2$ 的估计结果，γ_m，$m=1,2,3$ 的估计的准确度有所提高，与 γ_m，$m=1,2,3$ 相应的真值 0.3，0.6，0.1 非常接近。

当然，样本量 N 比较大时，我们更能为参数 γ 生成合理准确的估计。对于这里所讨论的模型的三个方面当然需要权衡取舍。此外，模型关系中的信噪比（signal/noise ratio）也起着重要作用。

```
sar_conv_panel_g with rho = 0.1


MCMC SAR convex combination W model with both region and time period fixed effects
Homoscedastic model


Bayesian spatial autoregressive convex W model
Dependent Variable = y
Log-marginal = - 108519.5982
Log-marginal MCerror = 0.022787
```

R-squared = 0.7065

corr-squared = 0.6684

mean of sige draws = 0.9557

posterior mode sige = 0.9556

Nobs, Nvars = 62220, 2

ndraws, nomit = 50000, 20000

time for effects = 18.3590

time for sampling = 138.3650

time for Taylor = 4.3300

thinning for draws = 10

min and max rho = -1.0000, 1.0000

****

MCMC diagnostics ndraws = 3000

Variable	mode	mean	MC error	tau	Geweke
x1	1.0022	1.0023	0.00005532	0.953481	0.999664
x2	1.0047	1.0047	0.00004954	1.013990	0.999915
rho	0.1038	0.1030	0.00010267	1.158201	0.996025
gamma1	0.3935	0.3902	0.00231873	1.363870	0.986113
gamma2	0.4434	0.4270	0.00261366	1.566423	0.984810
gamma3	0.1631	0.1828	0.00130947	1.122705	0.994076

****

Posterior Estimates

Variable	Coefficient	Asymptot t-stat	z-probability
x1	1.002252	250.137218	0.000000
x2	1.004707	247.023927	0.000000
rho	0.102998	21.020123	0.000000
gamma1	0.390168	3.769692	0.000163 (true = 0.3)
gamma2	0.427039	3.558998	0.000372 (true = 0.6)
gamma3	0.182793	1.994414	0.046107 (true = 0.1)

Direct	Coefficient	t-stat	t-prob	lower 05	upper 95
x1	1.003981	249.829351	0.000000	0.996361	1.011689
x2	1.006440	246.964584	0.000000	0.998196	1.014431

Indirect	Coefficient	t-stat	t-prob	lower 05	upper 95
x1	0.113388	19.010144	0.000000	0.101967	0.125097
x2	0.113665	19.045567	0.000000	0.102285	0.125402

Total	Coefficient	t-stat	t-prob	lower 05	upper 95
x1	1.117369	147.136916	0.000000	1.103243	1.132109
x2	1.120104	148.234541	0.000000	1.105272	1.134544

sar_conv_panel_g with rho = −0.2

MCMC SAR convex combination W model with both region and time period fixed effects

Homoscedastic model

Bayesian spatial autoregressive convex W model

Dependent Variable = y

Log-marginal = −108682.1053

Log-marginal MCerror = 0.016688

R-squared = 0.6997

corr-squared = 0.6658

mean of sige draws = 0.9567

posterior mode sige = 0.9565

Nobs, Nvars = 62220, 2

ndraws, nomit = 50000, 20000

time for effects = 12.0530

time for sampling = 154.6530

time for Taylor = 5.6233

thinning for draws = 10

min and max rho = −1.0000, 1.0000

* *

MCMC diagnostics ndraws = 3000

Variable	mode	mean	MC error	tau	Geweke
x1	0.9946	0.9946	0.00007915	1.037830	0.999270
x2	1.0023	1.0022	0.00006583	0.975545	0.999808
rho	−0.2033	−0.2026	0.00011495	1.059074	0.999973
gamma1	0.2562	0.2539	0.00124730	1.535486	0.988550
gamma2	0.6813	0.6664	0.00171263	1.524198	0.999144
gamma3	0.0625	0.0797	0.00105468	1.049602	0.957236

* *

Posterior Estimates

Variable	Coefficient	Asymptot t-stat	z-probability
x1	0.994645	249.222430	0.000000
x2	1.002217	250.934610	0.000000
rho	−0.202623	−37.230492	0.000000
gamma1	0.253906	4.699115	0.000003 (true = 0.3)
gamma2	0.666404	10.828052	0.000000 (true = 0.6)
gamma3	0.079690	1.834610	0.066564 (true = 0.1)

Direct	Coefficient	t-stat	t-prob	lower 05	upper 95
x1	1.000405	249.132908	0.000000	0.992561	1.008235
x2	1.008020	251.398312	0.000000	1.000186	1.015933

Indirect	Coefficient	t-stat	t-prob	lower 05	upper 95
x1	−0.173324	−42.460226	0.000000	−0.181094	−0.165199
x2	−0.174643	−42.702625	0.000000	−0.182609	−0.166615

Total	Coefficient	t-stat	t-prob	lower 05	upper 95
x1	0.827081	162.991019	0.000000	0.817124	0.837200
x2	0.833377	160.942916	0.000000	0.823428	0.843655

3.1.4 权重矩阵 W_m，$m=1,\cdots,M$ 相似性的作用

下面的程序展示了两组模型估计结果，第一组模型采用的两个 W 矩阵分别基于最近 6 邻和最近 7 邻构造。第二组模型采用的两个 W 矩阵分别基于最近 6 邻和最近 20 邻构造。三个矩阵之间的相关性计算结果如下（也在程序的输出结果中）。我们发现，在 W_6 和 W_7 之间存在很高的相关性，W_6 和 W_{20} 之间的相关性较低。

Correlation	W6	W7	W20
W6	1.0000	0.9287	0.5459
W7	0.9287	1.0000	0.5849
W20	0.5459	0.5849	1.0000

```
% file: sar_conv_panel_gd demo
clear all;
rng (10203444);

% read an Arcview shape file for 3,111 US counties
map_results = shape_read ('../demo_data/uscounties_projected');
latt = map_results.data (:,3);
long = map_results.data (:,4);
```

```
n = length (latt);
t = 20;

W6 = make_neighborsw (latt, long, 6); % 6 nearest neighbors W
W7 = make_neighborsw (latt, long, 7); % 7 nearest neighbors W
W20 = make_neighborsw (latt, long, 20); % 20 nearest neighbors W

u = randn (n, 1);
corr = corrcoef ( [W6 * u W7 * u W20 * u] );

% find correlation between W matrices
inc.cnames = strvcat ('W6','W7','W20');
inc.rnames = strvcat ('Correlation','W6','W7','W20');
mprint (corr, inc);


rho = 0.6;
k = 2;
x = randn (n * t, k);
beta = ones (k, 1);
sige = 100;
evec = randn (n * t, 1) * sqrt (sige);

gamma1 = 0.3;
gamma2 = 0.7;

Wc = gamma1 * kron (eye (t), W6) + gamma2 * kron (eye (t), W7);

% add fixed effects to the DGP
tts = (1: n) * (1/n);
SFE = kron (ones (t, 1), tts');
ttt = (1: t) * (1/t);
TFE = kron (ttt', ones (n, 1) );

y = (speye (n * t) - rho * Wc) \ (x * beta + SFE + TFE + evec);
```

```
ndraw = 20000;
nomit = 10000;
prior.model = 3;
prior.novi_flag = 1;
prior.thin = 4;
% prior.plt_flag = 1;

Wmatrices = [kron(eye(t), W6) kron(eye(t), W7)];

result1 = sar_conv_panel_g(y, x, Wmatrices, n, t, ndraw, nomit, prior);
vnames = strvcat('y','x1','x2');
fprintf(1,'sar_conv_panel_g with W6, W7 \n');
prt_panel(result1, vnames);

Wc = gamma1 * kron(eye(t), W6) + gamma2 * kron(eye(t), W20);
y = (speye(n*t) - rho*Wc) \ (x*beta + SFE + TFE + evec);

Wmatrices = [kron(eye(t), W6) kron(eye(t), W20)];

result2 = sar_conv_panel_g(y, x, Wmatrices, n, t, ndraw, nomit, prior);
vnames = strvcat('y','x1','x2');
fprintf(1,'sar_conv_panel_g with W6, W20 \n');
prt_panel(result2, vnames);
```

执行程序得到的两个模型以及两个独立的 DGP 的估计结果如下。对于 W_6 和 W_7 的例子，$W_6 \times u$，$W_7 \times u$ 的相关性达到 0.9287，并且得到的估计结果 $\gamma_1 = 0.2191$，$\gamma_2 = 0.7809$ 与 DGP 采用的真值 $\gamma_1 = 0.3$，$\gamma_2 = 0.7$ 并不相等。当然，试图区分非常相似的 W 矩阵会产生前面提到的问题，因为识别的强度会降低。

基于包含 W_6 和 W_{20} 的 DGP 得到的估计结果非常准确，W_6 和 W_{20} 的相关性只有 0.5459。估计结果见第二组输出结果。

```
% results from sar_conv_panel_gd4.m
```

Correlation	W6	W7	W20
W6	1.0000	0.9287	0.5459
W7	0.9287	1.0000	0.5849
W20	0.5459	0.5849	1.0000

sar_conv_panel_g with W6, W7

MCMC SAR convex combination W model with both region and time period fixed effects
Homoscedastic model

Bayesian spatial autoregressive convex W model
Dependent Variable = y
Log-marginal = −253623.8274
Log-marginal MCerror = 0.021563
R-squared = 0.2924
corr-squared = 0.0202
mean of sige draws = 95.2656
posterior mode sige = 95.2720
Nobs, Nvars = 62220, 2
ndraws, nomit = 20000, 10000
time for effects = 10.5580
time for sampling = 44.0740
time for Taylor = 1.3103
thinning for draws = 4
min and max rho = −1.0000, 1.0000
****
MCMC diagnostics ndraws = 2500

Variable	mode	mean	MC error	tau	Geweke
x1	1.0139	1.0141	0.00089876	0.938208	0.994143
x2	1.0436	1.0423	0.00082928	1.025756	0.998273
rho	0.6252	0.6252	0.00010213	1.404443	0.999277
gamma1	0.2192	0.2191	0.00051931	1.732610	0.985503
gamma2	0.7808	0.7809	0.00051931	1.732610	0.995956

****
Posterior Estimates

Variable	Coefficient	Asymptot t-stat	z-probability
x1	1.014084	24.930706	0.000000
x2	1.042304	25.748123	0.000000
rho	0.625159	123.624690	0.000000
gamma1	0.219083	6.025388	0.000000 (true = 0.3)
gamma2	0.780917	21.477343	0.000000 (true = 0.7)

Direct	Coefficient	t-stat	t-prob	lower 05	upper 95
x1	1.097121	24.930653	0.000000	1.012940	1.182512
x2	1.127652	25.738334	0.000000	1.043493	1.212086

Indirect	Coefficient	t-stat	t-prob	lower 05	upper 95
x1	1.608719	22.130649	0.000000	1.464813	1.749509
x2	1.653494	22.631002	0.000000	1.513060	1.797154

Total	Coefficient	t-stat	t-prob	lower 05	upper 95
x1	2.705840	23.759206	0.000000	2.484961	2.926767
x2	2.781147	24.411944	0.000000	2.563710	2.999419

sar_conv_panel_g with W6, W20

MCMC SAR convex combination W model with both region and time period fixed effects

Homoscedastic model

Bayesian spatial autoregressive convex W model

Dependent Variable = y

Log-marginal = −252629.0650

Log-marginal MCerror = 0.018947

R-squared = 0.1916

corr-squared = 0.0204

mean of sige draws = 95.5756

posterior mode sige = 95.5814

Nobs, Nvars = 62220, 2

ndraws, nomit = 20000, 10000

time for effects = 17.0140

time for sampling = 45.1750

time for Taylor = 3.1103

thinning for draws = 4

min and max rho = −1.0000, 1.0000

****

MCMC diagnostics ndraws = 2500

Variable	mode	mean	MC error	tau	Geweke
x1	1.0156	1.0154	0.00087517	1.011294	0.999831

x2	1.0446	1.0446	0.00076213	0.939938	0.999535
rho	0.6207	0.6203	0.00023069	1.964437	0.999998
gamma1	0.2999	0.3002	0.00041083	2.033840	0.999969
gamma2	0.7001	0.6998	0.00041083	2.033840	0.999987

* *

Posterior Estimates

Variable	Coefficient	Asymptot t-stat	z-probability
x1	1.015410	24.730612	0.000000
x2	1.044645	26.153533	0.000000
rho	0.620329	80.342719	0.000000
gamma1	0.300183	20.934138	0.000000 (true = 0.3)
gamma2	0.699817	48.803794	0.000000 (true = 0.7)

Direct	Coefficient	t-stat	t-prob	lower 05	upper 95
x1	1.053595	24.697950	0.000000	0.973123	1.136681
x2	1.083927	26.155394	0.000000	1.003891	1.163654

Indirect	Coefficient	t-stat	t-prob	lower 05	upper 95
x1	1.622027	18.914418	0.000000	1.459656	1.788573
x2	1.668636	19.936362	0.000000	1.509185	1.827665

Total	Coefficient	t-stat	t-prob	lower 05	upper 95
x1	2.675622	21.817339	0.000000	2.445351	2.919073
x2	2.752562	23.180227	0.000000	2.528143	2.978779

3.2 本章小结

我们介绍了一种允许采用凸组合形式空间权重矩阵的 SAR 模型设定。更多的设定，如 SDM、SEM 和 SDEM 将在下一章中结合例子进行介绍。

这类模型有可能大大放宽空间回归模型中常见的关于空间相关的假定，即从一般的侧重于区域在空间上的相互作用或依赖性，到更一般的连通性的概念，如基于贸易流、迁移流等形成的连通性。当然，现实中可能有多种类型的连通性同时起作用，这里描述的多个权重矩阵凸组合的设定允许我们对多种连通性进行建模。

由于新的估计方法需要付出更多努力，用户必须小心，不要滥用这些方法。关于这些模型可能出现的问题，本章列举了一些，下一章将讨论更多的问题以及有用的解决方案。本章讨论的问题是：（1）样本量要求；（2）依赖性的强度；（3）在这些模型中引入相似的矩阵。我们证明了如果用户希望对不同类型连通性的相对重要性进行准确的估计和推断，足够的样本量（特别是 N 维）很重要。依赖性的强度也是决定这些模型能否成功估计的一个因素。最后，与引入多个相似的解释变量一样，引入多个相似的权重矩阵是没有意义的。我们证明了权重矩阵的相似性可以通过创建向量来明确：$W_a u$，$W_b u$ 是矩阵和向量的乘积，其中 W_a，W_b 是 $N \times N$ 矩阵，u 是 $N \times 1$ 的正态随机向量。给定两个向量，$W_a u$，$W_b u$ 的简单相关系数可以用来判断矩阵的相似性。

3.3 本章参考文献

Anderson, J. E. and E. van Wincoop. Gravity with Gravitas: A Solution to the Border Puzzle. *American Economic Review*, 2003, 93.

Anderson, J. E. and E. van Wincoop. Trade Costs. *Journal of Economic Literature*, 2004, 42.

Behrens, K., C. Ertur and W. Koch. Dual Gravity: Using Spatial Econometrics to Control for Multilateral Resistance. *Journal of Applied Econometrics*, 2012, 27.

Blankmeyer, E., J. P. LeSage, J. R. Stutzman, *et al*. Peer Group Dependence in Salary Benchmarking: A Statistical Model. *Managerial and Decision Economics*, 2011, 32 (2).

Corrado, L. and B. Fingleton. Where Is the Economics in Spatial Econometrics. *Journal of Regional Science*, 2012, 52 (2).

Debarsy N. and J. P. LeSage. Flexible Dependence Modeling Using Convex Combinations of Difierent Types of Connectivity Structures. *Regional Science and Urban Economics*, 2018, 69.

Debarsy, N. and J. P. LeSag. Bayesian Model Averaging for Spatial Autoregressive Models Based on Convex Combinations of Different Types of Connectivity Matrices. *Journal of Business & Economic Statistics*, 2021, 40 (2).

Hazir, C. S., J. P. LeSage and C. Autant-Bernard. The Role of R&D Collaboration Networks on Regional Innovation Performance. *Papers in Regional Science*, 2018, 97.

Koch, W. and J. P. LeSag. Latent Multilateral Trade Resistance Indices: Theory and Evi-dence. *Scottish Journal of Political Economy*, 2015, 62 (3).

Lacombe, D. Does Econometric Methodology Matter? An Analysis of Public Policy Using Spatial Econometric Techniques. *Geographical Analysis*, 2004, 36.

LeSage, J. P. and R. K. Pace. The Biggest Myth in Spatial Econometrics. *E-

conometrics, 2014, 2 (4).

Pace, R. K. and J. P. LeSage. Semiparametric Maximum Likelihood Estimates of Spatial Dependence. *Geographical Analysis*, 2002, 34 (1).

LeSage, J. P. and R. K. Pace.. Pitfalls in Higher Order Model Extensions of Basic Spatial Regression Methodology. *Review of Regional Studies*, 2011, 41 (1).

第四章

SDM、SEM、SDEM 权重凸组合模型

本章讨论其他权重凸组合模型，分别为 SDM、SEM 和 SDEM。对于 SDM 和 SDEM 这类包括解释变量空间滞后项 WX 的模型，本章将讨论一些潜在的问题。

在 SDM 和 SDEM 中，如果我们将凸组合权重 W_c 直接使用于模型的解释变量空间滞后项 W_cX，其中 $W_c = \gamma_1 W_1 + \cdots + \gamma_M W_M$，将产生一些潜在的问题。为了了解问题的本质，我们考虑如下所示的 SDEM，并假设模型仅有两个权重矩阵 W_1 和 W_2。

$$y = X\beta + W_c X\theta + \iota_T \otimes \mu + \upsilon \otimes \iota_N + u \tag{4.1}$$

$$\begin{aligned} u &= \rho W_c u + \varepsilon \\ &= X\beta + \gamma_1 W_1 X\theta + \gamma_2 W_2 X\theta + \iota_T \otimes \mu + \upsilon \otimes \iota_N + u \\ &= X\beta + W_1 X\pi_1 + W_2 X\pi_2 + \iota_T \otimes \mu + \upsilon \otimes \iota_N + u \end{aligned} \tag{4.2}$$

$$W_c = \gamma_1 W_1 + \gamma_2 W_2 \quad \pi_1 = \gamma_1 \theta, \ \pi_2 = \gamma_2 \theta$$

式（4.2）隐含解释变量空间滞后项 $W_1 X$ 和 $W_2 X$ 的系数估计值（标记为 π_1 和 π_2）被约束为具有相关性。具体而言，式（4.2）的设定将使得 $W_1 X$ 的系数估计值等于 $\gamma_1 \theta$，而 $W_2 X$ 的系数估计值等于 $\gamma_2 \theta$。这样的约束条件是非常严格的。假如我们估计式（4.3），即仅使用 W_1 和 W_2 矩阵创建解释变量的空间滞后项，而没有如式（4.2）一样隐含的约束条件，那么两个空间滞后项系数拥有相似估计值的概率为零，也就是说估计的 $\hat{\theta}_1$ 和 $\hat{\theta}_2$ 永远不会接近估计的 $\hat{\pi}_1$ 和 $\hat{\pi}_2$。

$$y = X\beta + W_1 X\theta_1 + W_2 X\theta_2 + \iota_T \otimes \mu + \upsilon \otimes \iota_N + u \tag{4.3}$$

此外，前一章将相互依赖的参数以及样本从联合后验分布中分离出来的方法不再有效。这是因为在式（4.2）中，参数 γ_1 和 γ_2 出现在 $W_c X$ 中。我们不能再像之前那样计算对数边缘似然，因为我们无法直接对参数 β，σ^2 进行积分（边缘化①）。换言之，参数 β（此处包括 θ_1，θ_2）取决于参数 γ_1 和 γ_2。

对这个问题的解决方案是直接将 $W_1 X$ 和 $W_2 X$ 包含在模型中，并且估计其无约束的（unrestricted）系数或参数 θ_1 和 θ_2，如式（4.3）所示。

---

① 边缘化是一种贝叶斯方法，即给定随机样本，我们需要找到下一次观测和参数的联合后验分布，然后将参数视为冗余参数，通过对联合后验分布中的参数求积分得到下一次观测的边缘分布。——译者注

这个方法意味着，当我们要估计解释变量 X 对因变量的直接和间接效应时，相应的表达式会变成式（4.4）。

$$\partial E(y)/\partial X = (I_{NT}\hat{\beta} + W_1\hat{\theta}_1 + W_2\hat{\theta}_2) \tag{4.4}$$

基于这样的模型设定，直接效应为 $\hat{\beta}$，而间接效应为 $\hat{\theta}_1 + \hat{\theta}_2$。

4.1 SDM 权重凸组合模型

SDM 权重凸组合模型表达式如式（4.5）所示。其中的每个 $NT \times NT$ 矩阵 W_m 表示区域间的某种特定连通性。每个矩阵均为分块对角（block diagonal）的形式：$I_T \otimes w_m$，其中 w_m 为 $N \times N$ 的权重矩阵，且主对角线（main diagonal）元素等于 0，各行总和（row-sums）等于 1。

$$y = \rho W_c(\Gamma)y + X\beta + \sum_{m=1}^{M} W_m X \theta_m + \varepsilon, \quad \varepsilon \sim N(0, \sigma^2 I_n) \tag{4.5}$$

$$W_c(\Gamma) = \sum_{m=1}^{M} \gamma_m W_m, \quad 0 \leqslant \gamma_m \leqslant 1, \quad \sum_{m=1}^{M} \gamma_m = 1$$

$$\Gamma = (\gamma_1, \cdots, \gamma_M)'$$

式（4.5）中的 $NT \times k$ 矩阵 X 为外生解释变量，β 为 $k \times 1$ 参数向量。正如在以下范例中，工具箱函数会自动生成并包括解释变量空间滞后项 $\sum_{m=1}^{M} W_m X$ 于模型中。采用这样的方式是基于如下考虑：如果你相信因变量 y 涉及多种类型的连通性，那么这些不同类型的连通性也应该反映在 y 所依赖的"情境效应"（contextual effect）中。$NT \times 1$ 向量 ε 代表一个方差为常数的正态分布扰动项，$NT \times 1$ 因变量 y 的含义与第一章和第二章相同。为了提升计算速度，这个模型的估计函数中并没有针对使用方差标量 v_{it} 的选项。

与 SAR 模型相似，式（4.5）可以重新写为式（4.6）。式（4.6）是计算上更为简便的表达式，因为它将参数 $\rho, \gamma_m, m=1,\cdots,M$ 分离出来置于 $(M+1) \times 1$ 向量 ω 中。

$$\tilde{y}\omega = X\beta + \sum_{m=1}^{M} W_m X \theta_m + \varepsilon \tag{4.6}$$

$$\tilde{y} = (y, W_1 y, W_2 y, \cdots, W_M y)$$

$$\omega = \begin{pmatrix} 1 \\ -\rho\Gamma \end{pmatrix}$$

$$\Gamma = \begin{pmatrix} \gamma_1 \\ \gamma_2 \\ \vdots \\ \gamma_M \end{pmatrix}$$

$$\gamma_M = 1 - \gamma_1 - \gamma_2 - \cdots - \gamma_{M-1}$$

分离参数向量 ω 的价值在于可以在 MCMC 抽样循环开始之前预先计算 $NT \times (M+1)$ 矩阵 $\tilde{y}$。由于 $\tilde{y}$ 矩阵只包含样本数据值，这也为不在解释变量矩阵中包括 γ 参数提供了另一个动机，因为包括 γ 参数将使这种计算上的优势消失。

在模型估计上，我们依赖于使用与 SAR 权重凸组合模型相同的泰勒级数近似法（Taylor series approximations）。因此，如果模型对应的样本数 N 较小，其所生成的估计值会不太准确。SDM 权重凸组合模型的偏导数如式（4.7）所示。

$$\partial E(y)/\partial X_r = (I_{NT} + \hat{\rho} W_c(\hat{\Gamma}))^{-1}(I_{NT}\hat{\beta}_r + W_1\hat{\theta}_1 + \cdots + W_M\hat{\theta}_M) \quad (4.7)$$

注意，$(I_{NT} + \hat{\rho} W_c(\hat{\Gamma}))^{-1}$ 取决于 $\gamma_1, \cdots, \gamma_M$ 的估计值。Debarsy 和 LeSage（2021）讨论了采用有效率的计算方法来计算 LeSage 和 Pace（2009）描述的此类模型的标量效应估计值。

下面将说明如何使用 SDM 权重凸组合模型估计函数。

［例］ 运用 $sdm\_conv\_panel\_g$（）函数

下面的程序演示了如何使用 SDM 权重凸组合模型估计函数。在使用函数时，我们只需提供 X 矩阵，因为函数会自动添加解释变量空间滞后项（W_1X，W_2X，…，W_MX）。在输入 W 矩阵时，读者可以选择使用 $N \times N$ 小型矩阵，如 W_1，W_2 等，也可以选择 $NT \times NT$ 大型矩阵。大型矩阵选项允许每个时间段使用不同的 W 矩阵。当然，读者应该留意在第一章中提到的标量汇总效应估计值的潜在问题。

不论使用哪种方法，$sdm\_conv\_panel\_g$（）函数都会生成大致相同的估计值，因为两种方法都使用了 W_1 和 W_2 矩阵。其中在构建大型矩阵时，我们运用了 MATLAB 的克罗内克积 kron（eye（t），W1）得到 $NT \times NT$ 权重矩阵。使用这两种方法可以顺便测试 MCMC 抽样估计的收敛性，因为我们会在两次随机抽样的 MCMC 过程中获得相同的估计和推断。

在接下来的范例里，我们通过 rng（10203040）设置随机数种子（random number seed），以确保复制出估计值（如果我们希望稍后能对同一个模型再次进行估计）。

```
% sdm_conv_panel_gd demo file
clear all;
rng (10203040);
n = 1000;
t = 10;
rho = 0.7;
k = 2;
x = randn (n*t, k);
beta = [1
```

第四章 SDM、SEM、SDEM权重凸组合模型

```
                0.5];
theta1 = -0.75 * ones (k, 1);
theta2 = 0.5 * ones (k, 1);
bvec = [beta
          theta1
          theta2];

latt = rand (n, 1);
long = rand (n, 1);
W1 = make_neighborsw (latt, long, 2);

latt = rand (n, 1); % A different set of latt-long
long = rand (n, 1); % coordinates
W2 = make_neighborsw (latt, long, 6);

m = 2;
gamma1 = 0.2;
gamma2 = 0.8;

gamma = [gamma1
          gamma2];

Wc = gamma1 * kron (eye (t), W1) + gamma2 * kron (eye (t), W2);
% add fixed effects to the DGP
tts = (1: n) * (1/n);
SFE = kron (ones (t, 1), tts´);
ttt = (1: t) * (1/t);
TFE = kron (ttt´, ones (n, 1) );
Wmatrices = [kron (eye (t), W1) kron (eye (t), W2) ];

% the DGP x-variables must match the order in which
% the function sdm_conv_panel_g ()
% processes the x, W * x variables
Wx = x;
begi = 1;
endi = n * t;
```

```
for ii = 1: m
        Wx = [Wx Wmatrices (:, begi: endi) * x];
    begi = begi + n * t;
    endi = endi + n * t;
end

Wxb = Wx * bvec;

sige = 1;
evec = sqrt (sige) * randn (n * t, 1);

y = (speye (n * t) - rho * Wc) \ (Wxb + SFE + TFE + evec);

% calculate true direct and indirect effects estimates
Wc_small = gamma1 * W1 + gamma2 * W2;

direct_true = zeros (k, 1);
indirect_true = zeros (k, 1);
total_true = zeros (k, 1);

B = (speye (n) - rho * Wc_small) \ (speye (n));

for ii = 1: k
tmp2 = B * (eye (n) * beta (ii, 1) + W1 * theta1 (ii, 1) + W2 * theta2 (ii, 1));
total_true (ii, 1) = mean (sum (tmp2, 2));
tmp1 = B * (eye (n) * beta (ii, 1) + W1 * theta1 (ii, 1) + W2 * theta2 (ii, 1));
direct_true (ii, 1) = mean (diag (tmp1));
indirect_true (ii, 1) = total_true (ii, 1) - direct_true (ii, 1);
end

fprintf (1,'true effects estimates \ n');
in. cnames = strvcat ('direct','indirect','total');
in. rnames = strvcat ('variables','x1','x2');

out = [direct_true indirect_true total_true];
mprint (out, in);
```

```
Wmatrices = [W1 W2];
ndraw = 40000;
nomit = 20000;
prior.model = 3;
prior.plt_flag = 0;
prior.thin = 5;
result1 = sdm_conv_panel_g (y, x, Wmatrices, n, t, ndraw, nomit, prior);
vnames = strvcat ('y','x1','x2');
prt_panel (result1, vnames);
```

SDM 权重凸组合模型的估计结果如下。估计过程基于 40,000 次的 MCMC 抽样，其中前 20,000 次抽样省略，20,000 次抽样后从每 5 次抽样中选择 1 次作为样本构造相应的后验分布。整个抽样过程耗时 60 秒。所有参数估计值的 Geweke 诊断统计量均大于 0.992，其均值和众数估计值也都接近，这表示所有参数的后验分布均呈对称分布。不论使用 $NT \times NT$ 大型矩阵还是 $N \times N$ 小型矩阵，均不影响得到估计值所需的时间。两次调用估计函数应该得到相同的结果。

比较有趣的一点是，尽管 β，γ 的参数估计值均非常接近用于生成 y 向量的参数真值，但我们却发现直接、间接和总效应的估计值与真实值之间的差异要大很多。举例来说，与 0.2771 的真实值相比，X_2 的间接效应估计值为 0.4047。LeSage 和 Pace（2018）在对空间计量经济学蒙特卡洛研究的批评中提出了这一点。他们指出，很少有蒙特卡洛研究检查直接、间接和总效应估计值的偏差和均方误差（mean-square error，MSE），而是关注于基础参数 β，ρ 的估计值。然而，最终估计和统计推断是基于标量汇总效应的估计（scalar summary effects estimates），而不是基础参数 β，ρ 的估计。

LeSage 和 Pace（2018）也表明，不同的估计方法对于效应估计值的离散程度（dispersion）的估计可能存在很大的差异。具体来说，他们发现 Dogan 和 Taspinar（2014）提出的稳健 GMM 估计程序在效应估计中所产生的偏差是稳健 MCMC 估计程序所产生的偏差的 1,000 倍。由稳健 GMM 估计程序产生的效应估计值的标准差（standard deviation）为 MCMC 的 10 倍。效应估计值的巨大差异源于基本参数的均方误差。基本参数 β，ρ 的均方误差相对较小，然而，其偏差和离散程度的微小差异可以转化为标量汇总效应估计极大的差异，并影响效应估计值的估计和统计推断的质量。

```
% results from sdm_conv_panel_gd.m file
true effects estimates

   variables        direct         indirect        total
```

x1	1.0961	1.4039	2.5000
x2	0.5562	0.2771	0.8333

MCMC SDM convex combination W model with both region and time period fixed effects

Homoscedastic model

Bayesian spatial Durbin convex W model

Dependent Variable = y

Log-marginal = -17486.8471

Log-marginal MCerror = 0.010795

R-squared = 0.8341

corr-squared = 0.6127

mean of sige draws = 0.8994

posterior mode sige = 0.8984

Nobs, Nvars = 10000, 2

ndraws, nomit = 40000, 20000

time for effects = 48.7170

time for sampling = 46.5880

time for Taylor = 0.1240

thinning for draws = 5

min and max rho = -1.0000, 1.0000

* *

MCMC diagnostics ndraws = 4000

Variable	mode	mean	MC error	tau	Geweke
x1	0.9857	0.9856	0.00014770	1.013926	0.999348
x2	0.4851	0.4855	0.00013276	1.047386	0.999784
W1 * x1	-0.7485	-0.7485	0.00029180	1.317256	0.997094
W1 * x2	-0.7600	-0.7600	0.00020498	0.995223	0.999443
W2 * x1	0.4901	0.4913	0.00049706	1.184051	0.999647
W2 * x2	0.5292	0.5296	0.00043872	1.090958	0.999128
rho	0.7184	0.7178	0.00026000	2.397971	0.999103
gamma1	0.2045	0.2044	0.00017553	2.837472	0.992124
gamma2	0.7955	0.7956	0.00017553	2.837472	0.997982

* *

Posterior Estimates

Variable	Coefficient	Asymptot t-stat	z-probability

x1	0.985643	94.627650	0.000000		
x2	0.485476	47.382284	0.000000		
W1*x1	-0.748531	-48.114874	0.000000		
W1*x2	-0.759994	-54.090795	0.000000		
W2*x1	0.491291	16.968631	0.000000		
W2*x2	0.529624	19.842740	0.000000		
rho	0.717816	73.194910	0.000000		
gamma1	0.204426	27.137981	0.000000		
gamma2	0.795574	105.613993	0.000000		

Direct	Coefficient	t-stat	t-prob	lower 05	upper 95
x1	1.039120	87.008150	0.000000	1.016309	1.062748
x2	0.499498	42.085465	0.000000	0.475953	0.523414

Indirect	Coefficient	t-stat	t-prob	lower 05	upper 95
x1	1.543781	13.276935	0.000000	1.328115	1.780967
x2	0.404725	3.863680	0.000112	0.191549	0.605726

Total	Coefficient	t-stat	t-prob	lower 05	upper 95
x1	2.582902	21.014500	0.000000	2.353339	2.834547
x2	0.904223	8.078247	0.000000	0.677120	1.120150

输出函数 prt_panel（）输出以外的内容包括在估计函数返回的结构变量中，若用户对此感兴趣，可以在 MATLAB 命令窗口中输入 result1，就会生成在 result1 结构变量中的所有字段。该函数也会返回用户为该函数输入的指令（input options），这些信息对于调用 prt_panel（）函数输出结果很有价值。

4.2 SDEM 权重凸组合模型

SDEM 权重凸组合模型表达式如式（4.8）所示。其中，每个 $NT \times NT$ 矩阵 W_m 代表区域间的某种连通性。每个矩阵均为分块对角的形式：$I_T \otimes w_m$，其中 w_m 为 $N \times N$ 的权重矩阵，且主对角线元素等于 0，各行总和等于 1。

$$\tilde{y} = X\beta + \sum_{m=1}^{M} W_m X \theta_m + u \quad (4.8)$$

$$u = \rho(I_T \otimes W_c)u + \varepsilon, \quad \varepsilon \sim N(0, \sigma^2 I_n)$$

$$W_c(\Gamma) = \sum_{m=1}^{M} \gamma_m W_m, \quad 0 \leqslant \gamma_m \leqslant 1, \quad \sum_{m=1}^{M} \gamma_m = 1$$

$$\Gamma = (\gamma_1, \cdots, \gamma_M)'$$

式 (4.8) 中的 $NT \times k$ 矩阵 X 为外生解释变量，β 为 $k \times 1$ 参数向量。在以下范例中，工具箱函数会自动生成并包括解释变量空间滞后项 $\sum_{m=1}^{M} W_m X$ 于模型中。采用这样的方式是基于以下考虑：如果相信因变量 y 涉及多种类型的连通性，那么这些不同类型的连通性也应该反映在 y 所依赖的"情境效应"（contextual effect）中。此模型与前文所提的 SDM 权重凸组合模型面临一样的问题。因此，在使用解释变量空间滞后项时，我们建议不要使用 $W_c X$，而是分别使用单个的 W_m，$m=1, \cdots, M$ 矩阵来建构解释变量空间滞后项。

$NT \times 1$ 向量 u 遵循空间自回归过程（spatial autoregressive process），ε 代表一个方差为常数的正态分布扰动项，$NT \times 1$ 因变量 y 与第一章和第二章相同。为了提升计算速度，这个模型的估计函数中并没有针对使用方差标量 v_{it} 的选项。

与 SAR 和 SDM 两种模型的情况不同，式 (4.8) 无法重新写成一个在计算上更有效率的表达式，因此模型的估计需要更多的时间。为了估计该模型，我们使用了与 SDM 和 SAR 模型相同的泰勒级数逼近，因此，当样本量 N 偏小时得到的估计可能有偏误。

SDEM 权重凸组合模型的偏导数如式 (4.9) 所示。

$$\partial E(y)/\partial X_r = (I_{NT} \hat{\beta}_r + W_1 \hat{\theta}_1 + \cdots + W_M \hat{\theta}_M) \quad (4.9)$$

这表示我们可以将参数 $\hat{\beta}_r$ 解释为第 r 个解释变量的变化对 y 的直接效应，而系数 θ_m，$m=1, \cdots, M$ 的总和代表间接或溢出效应。该模型仅仅允许来自最邻近的（一阶）邻居的局域溢出效应（local spillover effects）。该模型的最小二乘估计是无偏的（unbiased），但并非有效的（efficient），因为它忽略了扰动项的空间自回归依赖性。

下一节将说明如何使用 SDEM 权重凸组合模型估计函数。

[例] 运用 $sdem\_conv\_panel\_FE\_g$ () 函数

下面的程序展示了如何使用 SDEM 权重凸组合模型估计函数。在使用函数时，我们只需输入 X 矩阵，因为函数会自动添加解释变量空间滞后项（$W_1 X$，$W_2 X$，$\cdots$，$W_M X$）。在输入 W 矩阵时，读者可以选择使用 $N \times N$ 小型矩阵，如 W_1，W_2 等，也可以选择 $NT \times NT$ 大型矩阵。大型矩阵选项允许每个时间段使用不同的 W 矩阵。当然，读者应该留意在第一章中提到的标量汇总效应估计值的潜在问题。

```
% sdem_conv_panel_g demo file
clear all;
rng (19203040);


[unclaims, b] = xlsread ('../demo_data/weekly.xlsx', 1);
% read data from sheet 1 of Excel spreadsheet
% growth rate of unemployment claims 2019-2020 from same week, previous year
```

```
snames = strvcat (b (2: end, 1) ); % 48 state names
tnames = strvcat (b (1, 2: end) ); % 51 week labels
[N, T] = size (unclaims);
[jobposts, b] = xlsread ('../demo_data/weekly.xlsx', 2);
% read data from sheet 2 of Excel spreadsheet
% change in job posts from 1st week of 2020
[athome, b] = xlsread ('../demo_data/weekly.xlsx', 3);
% read data from sheet 3 of Excel spreadsheet
% growth rate of percent population at home
% 2019-2020 from same week, previous year
[a, b] = xlsread ('../demo data/Wcont48.xlsx');
% 48 x 48 contiguity matrix for states
Wcontiguity = normw (a);
% state-to-state commodity flows, 2017
[a, b] = xlsread ('../demo_data/cflows_2017.xlsx');
% set main diagonal (intrastate flows) to zero
diaga = diag (a);
W = a -diag (diaga);
Wcom_flows = normw (W); % row-normalize
% eliminate small elements
for i = 1: N
    for j = 1: N
      if Wcom_flows (i, j) < 0.005
        Wcom_flows (i, j) = 0;
      end
    end
end

Wcom_flows = normw (Wcom_flows);

y = vec (unclaims);
x = [vec (jobposts) vec (athome) ];

vnames = strvcat ('y = unclaims','jobposts','athome');

Wmatrices = [Wcontiguity Wcom_flows];
```

```
ndraw = 25000;
nomit = 5000;
prior.model = 3;
prior.thin = 4;
result1 = sdem_conv_panel_g (y, x, Wmatrices, N, T, ndraw, nomit, prior);
prt_panel (result1, vnames);
```

SDEM权重凸组合模型的估计结果如下。估计过程是基于25,000次的MCMC抽样，其中前5,000次抽样省略，5,000次抽样后从每4次抽样中选择1次作为样本构造相应的后验分布。整个抽样过程耗时20秒。其中参数γ_2的估计值为0.1187，并且与零没有显著差异，其Geweke诊断统计量仅为0.956605。Geweke诊断统计量指出了该参数的后验分布存在堆积问题（pile-up problem），因为该参数值接近零的下限。

估计结果显示空间邻接矩阵（W_1）占据了所有的权重，而由各州间商品流构成的矩阵（W_2）则没有分配到任何权重。

正如我们预期的，估计结果显示 *jobposts*（职位公告数）变量对申请失业保险有直接的负向影响，而 *athome*（社交距离）变量则对申请失业保险有直接的正向影响。

```
% results from sdem_conv_panel_gd.m file
MCMC SDEM convex combination W model with both region and time period fixed effects
Homoscedastic model


Bayesian spatial Durbin error convex W model
Dependent Variable    =    y = unclaims
Log-marginal   = -5425.6646
Log-marginal MCerror = 0.041696
R-squared   =  0.9466
Rbar-squared   =  0.0405
mean of sige draws  =  0.0520
Nobs, Nvars  =  2448, 2
ndraws, nomit  =  25000, 5000
total time in secs = 44.3644
time for sampling  =  43.5430
time for Taylor  =  0.8214
min and max lambda  =  -0.9999, 0.9999
***********************************************
MCMC diagnostics ndraws = 5000
```

Variable	mean	MC error	tau	Geweke
jobposts	-0.1736	0.00053841	0.987264	0.987508
athome	0.6059	0.00248615	1.026230	0.984898
W1 * jobposts	0.0220	0.00111337	0.937262	0.967012
W1 * athome	-1.0970	0.00383482	0.961495	0.998473
W2 * jobposts	-0.2682	0.00217081	0.873444	0.975088
W2 * athome	0.6225	0.00582558	1.019626	0.985784
rho	0.2138	0.00058503	2.829731	0.990661
gamma1	0.8813	0.00202203	2.990870	0.994316
gamma2	0.1187	0.00202203	2.990870	0.956605

* *

Posterior Estimates

Variable	Coefficient	Asymptot t-stat	z-probability
jobposts	-0.173583	-3.990345	0.000066
athome	0.605947	4.137389	0.000035
W1 * jobposts	0.021958	0.221849	0.824432
W1 * athome	-1.096961	-4.139570	0.000035
W2 * jobposts	-0.268195	-1.340055	0.180228
W2 * athome	0.622473	1.772541	0.076305
rho	0.213788	6.855115	0.000000
gamma1	0.881256	9.041579	0.000000
gamma2	0.118744	1.218304	0.223109

Direct	Coefficient	t-stat	t-prob	lower 05	upper 95
jobposts	-0.173583	-3.990345	0.000068	-0.258555	-0.087987
athome	0.605947	4.137389	0.000036	0.314287	0.892576

Indirect	Coefficient	t-stat	t-prob	lower 05	upper 95
jobposts	-0.246237	-1.418609	0.156140	-0.589946	0.087814
athome	-0.474488	-1.414911	0.157222	-1.118117	0.186970

Total	Coefficient	t-stat	t-prob	lower 05	upper 95
jobposts	-0.419819	-2.328930	0.019944	-0.770450	-0.074316
athome	0.131460	0.432500	0.665416	-0.458798	0.728116

值得一提的是，在输出结果中，间接（溢出）效应并不显著。这表示我们可以考虑不包括解释变量空间滞后项 WX 的 SEM。

4.3 SEM 权重凸组合模型

SEM 权重凸组合模型表达式如式（4.10）所示。其中，每个 $NT \times NT$ 矩阵 W_m

表示区域间的某种连通性。每个矩阵均为分块对角的形式：$I_T \otimes w_m$，其中 w_m 为 $N \times N$ 的权重矩阵，且主对角线元素等于 0，各行总和等于 1。

$$y = X\beta + u \tag{4.10}$$

$$u = \rho(I_T \otimes W_c)u + \varepsilon, \quad \varepsilon \sim N(0, \sigma^2 I_n)$$

$$W_c(\Gamma) = \sum_{m=1}^{M} \gamma_m W_m, \quad 0 \leqslant \gamma_m \leqslant 1, \quad \sum_{m=1}^{M} \gamma_m = 1$$

$$\Gamma = (\gamma_1, \cdots, \gamma_M)'$$

式 (4.10) 中的 $NT \times k$ 矩阵 X 为外生解释变量，β 为 $k \times 1$ 参数向量。该模型可被视为 SDEM 的一个特例。

该模型不允许任何空间间接（溢出）效应，仅允许直接效应。LeSage 和 Pace (2014) 认为，不应该将扰动项所产生的空间影响标记为空间间接（溢出）效应。他们保留空间溢出（spatial spillover）这一术语用于描述区域 j 的变量 x_j 的改变对于另外一个区域 i 的结果 y_i 的影响。他们将扰动项 u_j 的冲击对于另一个区域的扰动项 u_i，$i \neq j$ 的影响称为全域空间干扰冲击（global spatial shocks to the disturbances）。

SEM 权重凸组合模型的偏导数与 OLS 相同，因为 $\partial E(y)/\partial X_r = \hat{\beta}_r$。$t$ 统计量提供了关于解释变量显著性的有效统计推断基础。关于 SEM，我们知道理论上 OLS 会产生无偏但非有效的参数估计值。这是因为 OLS 忽略了模型中扰动项的空间依赖性。

［例］ 运用 *sem_conv_g* () 函数

下面的程序展示了如何使用 SEM 权重凸组合模型估计函数。与前文介绍 SDEM 时相同，我们使用新冠病毒感染疫情（以下简称新冠疫情）数据来演示，但采用 SEM。SEM 不包括解释变量空间滞后项（$W_1 X$, $W_2 X$, $\cdots$, $W_M X$）。在前文 SDEM 模型的估计结果中，我们发现间接（溢出）效应不显著，因此排除这些空间滞后项的 SEM 可能更适合数据。

```
% sem_conv_panel_g demo file
clear all;
rng (19203040);
[unclaims, b] = xlsread ('../demo_data/weekly.xlsx', 1);
% read data from sheet 1 of Excel spreadsheet
% growth rate of unemployment claims 2019-2020 from same week, previous year
snames = strvcat (b (2: end, 1) ); % 48 state names
tnames = strvcat (b (1, 2: end) ); % 51 week labels
[N, T] = size (unclaims);
[jobposts, b] = xlsread ('../demo_data/weekly.xlsx', 2);
```

```
% read data from sheet 2 of Excel spreadsheet
% change in job posts from 1st week of 2020
[athome, b] = xlsread ('../demo_data/weekly.xlsx', 3);
% read data from sheet 3 of Excel spreadsheet
% growth rate of percent population at home
% 2019-2020 from same week, previous year
[a, b] = xlsread ('../demo_data/Wcont48.xlsx');
% 48 x 48 contiguity matrix for states
Wcontiguity = normw (a);
% state-to-state commodity flows, 2017
[a, b] = xlsread ('../demo_data/cflows_2017.xlsx');
% set main diagonal (intrastate flows) to zero
diaga = diag (a);
W = a -diag (diaga);
Wcom_flows = normw (W); % row-normalize
% eliminate small elements
for i = 1: N
    for j = 1: N
      if Wcom_flows (i, j) < 0.005
        Wcom_flows (i, j) = 0;
      end
    end
end

Wcom_flows = normw (Wcom_flows);

y = vec (unclaims);
x = [vec (jobposts) vec (athome) ];

vnames = strvcat ('y = unclaims','jobposts','athome');

Wmatrices = [Wcontiguity Wcom_flows];

ndraw = 25000;
nomit = 5000;
prior.model = 3;
```

```
prior.thin = 4;
result1 = sem_conv_panel_g (y, x, Wmatrices, N, T, ndraw, nomit, prior);
prt_panel (result1, vnames);

result2 = sdem_conv_panel_g (y, x, Wmatrices, N, T, ndraw, nomit, prior);
prt_panel (result2, vnames);
```

SEM 估计的空间依赖参数 $\hat{\rho}=0.2044$ 与 SDEM 估计出来的 $\hat{\rho}=0.2138$ 结果相似。同样地，两个模型关于 *jobposts* 的参数估计值也相似，SEM 估计值为 -0.1726，SDEM 估计值为 -0.1731。但两个模型关于 *athome* 的参数估计结果却不相同，SEM 估计值为 0.3498，而 SDEM 估计值为 0.6067。

```
% results from sem_conv_panel_gd.m file
MCMC SEM convex combination W model with both region and time period fixed effects
Homoscedastic model


Bayesian spatial error convex W model
Dependent Variable   =  y = unclaims
Log-marginal likeli = -5427.9235
Log-marginal MCerror = 0.039053
R-squared   =  0.9460
Rbar-squared  =  0.0350
mean of sige draws =  0.0524
Nobs, Nvars = 2448, 2
ndraws, nomit = 25000, 5000
total time in secs =  22.2531
time for sampling  = 21.3330
time for Taylor  =  0.9201
min and max lambda =  -0.9999, 0.9999
***************************************************
MCMC diagnostics ndraws = 5000
```

Variable	mean	MC error	tau	Geweke
jobposts	-0.1726	0.00048286	0.952757	0.988203
athome	0.3498	0.00201254	0.960440	0.982154
rho	0.2044	0.00049702	1.737929	0.978434
gamma1	0.8894	0.00229116	2.632371	0.977323
gamma2	0.1106	0.00229116	2.632371	0.822811

第四章 SDM、SEM、SDEM权重凸组合模型

```
* * * * * * * * * * * * * * * * * * * * * * * * * * * * * * * * *
Posterior Estimates
```

Variable	Coefficient	Asymptot t-stat	z-probability
jobposts	−0.172630	−4.024668	0.000057
athome	0.349827	2.779049	0.005452
rho	0.204389	6.871731	0.000000
gamma1	0.889371	9.637786	0.000000
gamma2	0.110629	1.198845	0.230588

```
MCMC SDEM convex combination W model with both region and time period fixed effects
Homoscedastic model


Bayesian spatial Durbin error convex W model
Dependent Variable = y = unclaims
Log-marginal = −5425.6480
Log-marginal MCerror = 0.039420
R-squared = 0.9466
Rbar-squared = 0.0417
mean of sige draws = 0.0520
Nobs, Nvars = 2448, 2
ndraws, nomit = 25000, 5000
total time in secs = 43.5474
time for sampling = 42.6770
time for Taylor = 0.8704
min and max lambda = −0.9999, 0.9999
* * * * * * * * * * * * * * * * * * * * * * * * * * * * * * * * *
MCMC diagnostics ndraws = 5000
```

Variable	mean	MC error	tau	Geweke
jobposts	−0.1731	0.00055042	0.952716	0.997698
athome	0.6067	0.00204654	0.979529	0.992644
W1 * jobposts	0.0224	0.00118543	0.994505	0.857231
W1 * athome	−1.0943	0.00374800	1.118881	0.996953
W2 * jobposts	−0.2625	0.00230207	0.991327	0.994754
W2 * athome	0.6202	0.00511606	0.987403	0.948309
rho	0.2124	0.00064937	1.896266	0.995576
gamma1	0.8864	0.00195475	2.997233	0.996274

gamma2	0.1136	0.00195475	2.997233	0.969935

```
************************************************
```

Posterior Estimates

Variable	Coefficient	Asymptot t-stat	z-probability
jobposts	-0.173081	-4.041734	0.000053
athome	0.606741	4.121820	0.000038
W1 * jobposts	0.022436	0.224902	0.822056
W1 * athome	-1.094320	-4.184257	0.000029
W2 * jobposts	-0.262455	-1.303718	0.192330
W2 * athome	0.620160	1.743555	0.081237
rho	0.212350	6.785341	0.000000
gamma1	0.886418	9.636189	0.000000
gamma2	0.113582	1.234739	0.216928

Direct	Coefficient	t-stat	t-prob	lower 05	upper 95
jobposts	-0.173081	-4.041734	0.000055	-0.257179	-0.088067
athome	0.606741	4.121820	0.000039	0.316506	0.899569

Indirect	Coefficient	t-stat	t-prob	lower 05	upper 95
jobposts	-0.240019	-1.392115	0.164014	-0.579900	0.100158
athome	-0.474160	-1.410041	0.158655	-1.146754	0.190287

Total	Coefficient	t-stat	t-prob	lower 05	upper 95
jobposts	-0.413100	-2.307506	0.021110	-0.765433	-0.063001
athome	0.132581	0.432153	0.665668	-0.464572	0.743976

我们可以使用 MCMC 抽样来比较这些估计值并检测它们是否在两个模型间有显著差异。下面的代码片段（节取自文件 sem_conv_panel_gd2.m）分别读取 SEM（result1.bdraw）和 SDEM（result2.bdraw）关于 *athome* 参数的 MCMC 抽样结果，并依此生成后验密度图（posterior density plots）以及两个参数估计值差异的后验密度图。

```
beta1 = result1.bdraw (:, 2);
beta2 = result2.bdraw (:, 2);


beta_diff = beta2 - beta1;


[h1, f1, y1] = pltdens (beta1);
[h2, f2, y2] = pltdens (beta2);
```

```
[h3, f3, y3] = pltdens (beta_diff);

subplot (2, 1, 1),
plot (y1, f1,´.-r´,y2, f2,´.-b´);
ylabel (´\ beta posteriors´);
xlabel (´\ beta values´);
legend (´\ beta_1´,´\ beta_2´);
subplot (2, 1, 2),
plot (y3, f3,´.-g´);
ylabel (´Posterior for \ beta_2 - \ beta_1´);
xlabel (´\ beta_2 - \ beta_1 values´);
zipi = find (y3 > 0);
line ( [0 0], [0 f3 (zipi (1, 1) ) ] );
legend (´\ beta_2 - \ beta_1´,´zero´);

% trapezoid rule integration
sum_all = trapz (y3, f3);
sum_positive = trapz (y3 (zipi, 1), f3 (zipi, 1) );
prob = sum_positive/sum_all
% prob = 0.8966
```

我们利用梯形积分法（trapezoid-rule integration）求取值为正的那部分的面积，并且用 $1-\text{prob}=1-0.8966=0.1034$ 来检验两个模型的估计结果是否显著不同。在 90％的置信水平下，我们无法得出 SDEM 和 SDM 的估计值有显著差异这一结论。

4.4 本章小结

我们提出了一系列的权重矩阵凸组合模型，这些模型提高了空间回归模型的灵活性，并允许观测值之间的依赖性不仅仅局限于空间上的依赖性。例如，我们可以基于区域间的商品流或人口流构造权重矩阵，这些矩阵与传统的空间权重矩阵是非常不同的。

一旦我们打开使用多个权重矩阵的大门，就会出现关于矩阵的数量以及模型须包括哪些特定矩阵之类的问题。下一章将处理基于不同数量权重矩阵的模型的比较这一问题。

在普通最小二乘回归（ordinary least square regression）中添加不相关的解释变量并不会导致相关解释变量的估计值产生偏差。然而，与普通最小二乘回归的情况不同，权重矩阵凸组合模型会因为引入不相关的权重矩阵而导致估计偏差。这是因为不相关的权重矩阵会导致凸组合参数 $\gamma_m=1,\cdots,M$ 的后验估计值不为零，这些非零的值堆积在参数空间的下限 0 和上限 1 之间。当存在大量不相关的权重矩阵时，会削减相关权重矩阵对应的权重，导致相应的 γ 参数的估计值出现偏误。

4.5 本章参考文献

Debarsy，N. and J. P. LeSag. Bayesian Model Averaging for Spatial Autoregressive Models Based on Convex Combinations of Different Types of Connectivity Matrices. *Journal of Business & Economic Statistics*，2021，40（2）.

Dogan，O. and S. Taspinar. Spatial Autoregressive Models with Unknown Heteroskedas-ticity：A Comparison of Bayesian and Robust GMM Approach. *Regional Science and Urban Economics*，2014，45.

LeSage，J. P. and R. K. Pace. Interpreting Spatial Econometric Models. M. Fischer，P. Nijkamp（eds）. *Handbook of Regional Science*. Springer，Berlin，Heidelberg，2014.

LeSage，J. P. and R. K. Pace. *Introduction to Spatial Econometrics*. CRC Press，Boca Raton，2009.

LeSage，J. P. and R. K. Pace. Spatial Econometric Monte Carlo Studies：Raising the Bar. *Empirical Economics*，2018，55.

第五章

模 型 比 较

本章讨论传统静态空间面板数据的模型比较,关于权重矩阵凸组合模型的比较将于第六章讨论。

对于静态空间面板数据模型,LeSage(2014)提出了贝叶斯模型比较方法。此方法主要用于比较对数边缘似然函数的数值大小。对数边缘似然函数是通过积分方法将模型参数变量边缘化。具体的步骤为先利用分析解的方法边缘化参数[①]β、σ^2,再利用单变量数值积分的方法边缘化参数 ρ 来取得对数边缘似然函数。

相对于似然比检验(likelihood ratio test)或拉格朗日乘数(Lagrange multiplier)等方法,贝叶斯方法的优点在于已对所有模型参数进行边缘化,因此在模型比较上不会因为特定参数数值的不同而影响比较结果,它依据数据资料来判断,其结果对任何参数值都有效。举例而言,我们可以说,无论模型参数值是什么,SDM 都是与样本数据集 y,X,W 最一致的空间计量模型。这与似然比检验和拉格朗日乘数这两种常见的模型比较方法不同,此二种方法利用特定参数值评估模型的似然比,因此在比较两个模型时,如果一个模型在正确的参数值下为正确的,那么另一个模型在不正确的参数值下必然是不正确的。

贝叶斯模型比较方法是通过计算每个模型的后验概率(posterior probabilities)来选择与数据资料最一致的模型。这种方法令选择与样本数据最为一致的模型变得简单,选择后验概率最高的模型即可。单个模型的概率也可用于对每个模型的参数估计值赋权并生成模型平均估计值。模型平均估计(model averaged estimates)在处理统计推断问题时正式纳入关于模型正确设定的不确定性。

主要的空间计量模型包括 SDM、SEM、SDEM,以及 SLX 和 SAR 模型。LeSage(2014)指出逻辑上模型比较只需聚焦在其中的三个空间计量模型,分别为 SDM、SDEM 以及 SLX 模型。从直观的模型表达式上看,SAR 模型可以看作 SDM 的一个特例,而 SEM 则是 SDEM 的特例。因此,在比较不同空间计量模型时,SEM 和 SAR 模型被排除在候选资格外。

---

① 边缘化参数即对参数求积分。——译者注

在剩下的三个模型中，SLX 模型的空间依赖性只存在于自变量间，因变量间没有空间依赖性。换言之，SLX 模型可以被视为 SDM 当 $\rho=0$ 时的特例。同理，当残差项间没有空间依赖性时，SLX 模型也可以被视为 SDEM 当 $\rho=0$ 时的特例。

基于上述推论，在静态空间面板模型比较的范畴里，SDM 和 SDEM 是两个最主要的模型比较对象。除了比较不同的空间计量模型，贝叶斯模型比较方法也可在相同的模型下选择最适合数据资料的空间权重矩阵。这为许多空间计量的实证应用提供了着实的帮助。举例来说，假设有两个 SDM 即 M_1 和 M_2，分别基于不同的空间权重矩阵 M_1 和 M_2 以及对应的参数向量 δ_1，δ_2，其中 M_1 为正确的模型，我们可以利用贝叶斯理论计算 M_1 的后验概率：

$$p(M_1 \mid y) = \frac{p(y \mid M_1)}{p(y \mid M_1) + p(y \mid M_2)} \times \frac{p(M_1)}{p(M_2)} \tag{5.1}$$

其中，$p(M_k)$ 为模型 M_k（$k=1,2$）的先验概率，$p(y \mid M_k)$ 为给定模型先验概率条件下样本数据的边缘似然函数（the marginal likelihood）①。在只有 M_1 和 M_2 两个 SDM 下，$p(M_1 \mid y) + p(M_2 \mid y) = 1$。模型先验概率和后验概率间的差别反映了贝叶斯学习（Bayesian learning）仅以样本数据作为模型选择的依据。工具箱函数 *lmarginal_static_panel* () 没有为模型参数和模型概率指定先验分布，因此，先验概率可被视为完全相等，即 $p(M_1) = p(M_2)$。这意味着在模型概率表达式（5.1）中分子和分母可相互抵消。

模型 M_1 的边缘似然函数是通过对模型参数进行积分获得，式（5.2）为对参数向量 δ_1 积分后求得的模型 M_1 的边缘似然函数。

$$\begin{aligned} p(y \mid M_1) &= \int p(y \mid \delta_1, M_1) p(\delta_1 \mid M_1) d\delta_1 \\ &= \int (likelihood \times prior) d\delta_1 \end{aligned} \tag{5.2}$$

随着控制先验分布参数（如先验方差）的增加，先验分布逐渐变得更加模糊或分散，并逐渐趋近于均匀分布（uniform distribution）（Zellner, 1971），这为许多贝叶斯计量经济结果提供了理论基础。然而，均匀分布是不适当的，因为此分布反映了先验分布的积分不存在可定义的极限。

此不适当性会在某些模型的比较中产生问题。在利用贝叶斯方法比较 SDM 和 SDEM 或比较拥有不同空间权重矩阵的模型时，我们可以避免这些问题。如前所述，模型的比较与选择取决于模型后验概率之间的比率，如果两个模型的先验概率不适当且不同，它们将不会正确地相互抵消。同样地，如果被比较的两个模型有不同数量的参数和不正确的先验概率，也会无法正确地相互抵消。这些情况将导致模型概率的比

---

① 也有译"边缘似然"。——译者注

率为零或无限大。(Koop,2003)当两个模型具有相同个数的参数,但解释变量 X 在两个模型中的缩放比例不同时,也可能引发这类问题。(Koop,2003)

由于我们希望对某些模型参数可以依赖不正确的先验,因此需要避免在模型比较时发生无法相互抵消的情况。Koop(2003)提供了操作方针:

> 在使用后验机会比(posterior odds ratios)来比较模型时,对于所有模型共有的参数,可以使用无信息先验分布(noninformative priors)。然而对于其他参数,必须使用有信息且适当的先验分布。

由于在面板模型 SDM 和 SDEM 或不同空间权重矩阵的(如两个 SDM)模型中解释变量矩阵相同,依据操作方针,我们可以对相应的模型参数使用无信息先验分布。空间依赖参数 ρ 可以被视为在两个模型中扮演不同的角色,因此我们对空间依赖参数分配一个适当的先验来满足这些条件。LeSage(2014)进行了一系列的蒙特卡洛实验(Monte Carlo experiments),显示当使用均匀且适当的先验概率在空间依赖参数 ρ 上时,其 SDM 和 SDEM 的对数边缘似然函数"表现良好"。举例来说,我们可以设定空间依赖参数的先验概率为 $P(\rho)=1/D$,$D=1/\omega_{max}-1/\omega_{min}$。其中,$\omega_{max}$ 和 ω_{min} 为空间权重矩阵 W 的最大和最小特征值(对于行归一化的矩阵 W,其 $\omega_{max}=1$)。这种类型的先验概率不需要研究者主观的信息判断,因为它依赖于模型已定义的空间依赖参数。

在 LeSage 提供的工具箱中,*lmarginal_static_panel* () 函数同时计算了 SDM,SDEM 和 SLX 模型的对数边缘似然函数,下一节将说明如何使用它。

5.1 使用 *lmarginal_static_panel* () 函数

在实际操作中,研究人员不需要对模型参数进行估计来找到对数边缘似然,因为估计对数边缘似然涉及对所有模型参数的积分,会造成估计上的烦杂和困难。此任务可经由 *lmarginal_static_panel* () 函数完成,该函数执行了所有必要的积分。

下面的程序演示了如何使用 *lmarginal_static_panel* () 函数。样本数据为 2020 年新冠疫情期间美国 48 个州的失业保险面板数据集。该数据需要适当的转换以考虑固定效应。我们可以利用第一章到第四章所学的方法,即由 info.model=0,1,2,3 来选择适当的固定效应。其中,0 代表没有固定效应,1 代表控制区域固定效应(regional-specific effects),2 代表控制时间固定效应(time-specific effects),3 代表同时控制区域和时间固定效应。这些估计函数在估计模型参数前为研究者执行了这些转换。

在这个例子中,有未控制固定效应的样本数据向量 y,反映 2020 年每周连续申领失业保险人数的因变量，具体取值为相对于 2019 年同一周的年增长率。同样地，我们的解释变量也未控制区域或时间固定效应。操作上，我们可以使用 *demean*（）函数进行转换。经由 *demean*（）函数转换过的变量考虑了固定效应，并成为 *lmarginal_static_panel*（）函数中的输入值。

在以下程序中，我们用 *lmarginal_static_panel*（）函数估计三种情况下的对数边缘似然，分别为：(1) 模型不考虑任何固定效应；(2) 模型仅控制区域固定效应；(3) 模型同时控制区域和时间固定效应。

lmarginal_static_panel（）函数生成一个结构变量，包括字段：*result1.lmarginal*（对数边缘似然）和 *result1.probs*（后验模型概率）。我们可以利用工具箱中的 *mprint*（）函数汇总并输出此结构变量。

```
% model_comparison_chapter5p1.m demo file
clear all;
[cclaims, b] = xlsread ('../demo_data/weekly.xlsx', 1);
% read data from sheet 1 of Excel spreadsheet
% growth rate of unemployment 2019-2020 from same week, previous year
snames = strvcat (b (2: end, 1) ); % 48 state names
tnames = strvcat (b (1, 2: end) ); % 51 week labels
[N, T] = size (cclaims);
[jobposts, b] = xlsread ('../demo_data/weekly.xlsx', 2);
% read data from sheet 2 of Excel spreadsheet
% change in job offers from 1st week of 2020
[athome, b] = xlsread ('../demo_data/weekly.xlsx', 3);
% read data from sheet 3 of Excel spreadsheet
% growth rate of percent population at home
% 2019-2020 from same week, previous year
[a, b] = xlsread ('../demo_data/Wcont48.xlsx');
% 48 x 48 contiguity matrix for states
W = normw (a);


y = vec (cclaims);
x = [vec (jobposts) vec (athome) ];



model = 0; % no fixed effects
[ywith, xwith, meanny, meannx, meanty, meantx] = demean (y, x, N, T, model);
```

```
info.lflag = 0; % exact log-determinant
% info.lflag = 1; uses Pace and Barry approximation
% which is faster for large data samples

result1 = lmarginal_static_panel (ywith, xwith, W, N, T, info);

fprintf (1,'no fixed effects: log marginal likelihoods and model probabilities \n');
in.cnames = strvcat ('log-marginal','model probs');
in.rnames = strvcat ('model','slx','sdm','sdem');
in.width = 10000;
in.fmt = '%10.4f';
out1 = [result1.lmarginal result1.probs];
mprint (out1, in);

model = 1; % state-specific fixed effects
[ywith, xwith, meanny, meannx, meanty, meantx] = demean (y, x, N, T, model);

result2 = lmarginal_static_panel (ywith, xwith, W, N, T, info);

fprintf (1,'region fixed effects: log marginal likelihoods and model probabilities \n');
in.cnames = strvcat ('log-marginal','model probs');
in.rnames = strvcat ('model','slx','sdm','sdem');
in.width = 10000;
in.fmt = '%10.4f';
out2 = [result2.lmarginal result2.probs];
mprint (out2, in);

model = 3; % state-and time-specific effects
[ywith, xwith, meanny, meannx, meanty, meantx] = demean (y, x, N, T, model);

result3 = lmarginal_static_panel (ywith, xwith, W, N, T, info);

fprintf (1,'region and time fixed effects: log marginal likelihoods and model probabilities \n');
in.cnames = strvcat ('log-marginal','model probs');
```

```
in. rnames = strvcat ('model','slx','sdm','sdem');
in. width = 10000;
in. fmt = '%10.4f';
out3 = [result3.lmarginal result3.probs];
mprint (out3, in);
```

函数的输出结果如下,我们可以观察到当控制空间和时间的固定效应后,后验概率发生了变化。

```
results from running: model_comparison_chapter5p1.m file
no fixed effects: log marginal likelihoods and model probabilities
model    log-marginal    model probs
 slx      -3865.3240       0.0000
 sdm      -2221.5441       1.0000
 sdem     -2238.3516       0.0000


region fixed effects: log marginal likelihoods and model probabilities
model    log-marginal    model probs
 slx      -3673.6963       0.0000
 sdm      -1331.8599       1.0000
 sdem     -1346.1736       0.0000


region and time fixed effects: log marginal likelihoods and model probabilities
model    log-marginal    model probs
 slx       -747.3945       0.0000
 sdm       -723.0018       0.4800
 sdem      -722.9218       0.5200
```

lmarginal_static_panel()函数有一些可以指定的输入选项,研究者可以在MATLAB命令窗口中键入 help lmarginal_static_panel() 查询这些可以指定的输入选项。其中一个重要的输入选项为在执行单变量积分时是否使用蒙特卡洛近似(Monte Carlo approximation)来计算对数行列式项(log-determinant term)。如果需要精确的对数行列式项,输入 info.lflag=0,反之,如果选择 Barry 和 Pace(1999)以及 Pace 和 Barry(1997)对数行列式近似方法,则输入 info.lflag=1。若选择使用近似方法,研究者可使用 info.order 和 info.iter 等指令控制近似方法的准确度。这些指令与空间计量经济工具箱中估计横截面模型包括 SDM、SEM、SDEM 和 SAR 模型的函数有相同的操作方法。此外,info.rmin 和 info.rmaz 选项可用于限制参数 ρ 的积

分范围。所有的输入选项默认设置为最大速度运行（使用近似方法，info. lflag=1），然而，对于样本观测值较小的情况，使用近似方法不会大幅提升运算速度，因此研究者应该使用较精确的指令，info. lflag=0。值得注意的是，如果研究者使用对数行列式近似方法多次运行，每次估计结果会稍微不同。因为近似方法是基于对数行列式的统计估计，而该对数行列式在每次运行程序时都会更改。如果研究者设定"种子"（seed），那么每次运行将会产生相同的结果。

```
USAGE: results = lmarginal_static_panel (y, x, W, N, T, info)
where: y = dependent variable vector (N * T x 1)
       x = independent variables matrix, WITHOUT INTERCEPT TERM
       W = N by N spatial weight matrix (for W * y and W * e)
       N = # of cross-sectional units
       T = # of time periods
       info.lflag = 0 for full lndet computation (default = 1, fastest)
                  = 1 for MC lndet approximation (fast for very large problems)
       info.order = order to use with info. lflag = 1 option (default = 50)
       info.iter  = iterations to use with info. lflag = 1 option (default = 30)
       info.rmin  = (optional) minimum value of rho to use in search (default = -1)
       info.rmax  = (optional) maximum value of rho to use in search (default = +1)
       info.iflag = 0 for conventional W-matrix
       info.iflag = 1 for transformed W-matirx (using dmeanF ())
```

由于样本仅有 48 个观测值（州），研究者应该使用较精确的对数行列式项（info. lflag=1），而不是默认的近似方法。结果显示如下，我们发现当使用精确的对数行列式项时，模型概率相对于之前使用的近似方法略有变化，但结果依旧显示，在控制空间和时间固定效应下，SDM 和 SDEM 的模型概率各约为 50%。

```
results from running: model_comparison_chapter5p1b. m[①] file
no fixed effects: log marginal likelihoods and model probabilities
    model        log-marginal      model probs
     slx         - 3865. 3240      0. 0000
     sdm         - 2243. 4384      1. 0000
     sdem        - 2254. 3148      0. 0000
```

---

① 原文此处标注有误。

region fixed effects: log marginal likelihoods and model probabilities

model	log-marginal	model probs
slx	-3673.6963	0.0000
sdm	-1366.0873	1.0000
sdem	-1392.5710	0.0000

region and time fixed effects: log marginal likelihoods and model probabilities

model	log-marginal	model probs
slx	-747.3945	0.0000
sdm	-724.4127	0.5033
sdem	-724.4260	0.4967

在使用贝叶斯模型比较方法时，需要注意的一点是模型比较的准确度取决于样本量 N 的大小，空间依赖参数 ρ 的大小，以及模型关系的信噪比。LeSage（2014，2015）阐述了这些问题。

当空间依赖程度逐渐接近零时，SDM 和 SDEM 会逐渐变成 SLX 模型。这表示当后验概率同时支持 SDM、SDEM 和 SLX 模型时，最正确的模型应为 SLX 模型。换言之，因为 SLX 模型可被视为 SDM 或 SDEM 的特例，所以在模型比较时，即使 SLX 模型为正确的模型，其后验概率也不会等于或接近于 1。我们将在 5.5 节探讨此结果，在 5.5 节的例子中，SLX 为正确的模型，但其后验概率约为 0.5，而 SDM 和 SDEM 的后验概率均为 0.25 左右。

关于 2020 年新冠疫情样本数据，大部分数据的变化是在 51 周的期间内，相反，48 个州之间的数据变化要小很多。因此，控制时间的固定效应（如示例中第 3 次调用 lmarginal_static_panel（）函数）将会使函数难以区分 SDM 和 SDEM，特别是当模型的空间依赖程度较低时。在 SDEM 的估计结果中（第四章），模型的空间依赖参数 ρ 仅为 0.2。

因此，从实证分析结果可以发现，如果我们控制了时间固定效应（消除时间引起的数据变化），将会导致模型选择上的决策困难，因为 SDM 和 SDEM 有相近的模型概率。相反，如果我们仅控制 48 个州的区域固定效应，SDM 将是最佳的模型选择。

控制空间和时间固定效应的 SDM 和 SDEM 估计可以通过下面的代码片段得到。

```
% code snippet from model_comparison_chapter5p1.m file
% ==================================================
% estimate SDM and SDEM models


ndraw = 6000;
```

```
nomit = 1000;
prior.model = 3;
prior.novi_flag = 1;

result1 = sdm_panel_FE_g (y, x, W, T, ndraw, nomit, prior);
vnames = strvcat ('cclaims','jobposts','athome');
prt_panel (result1, vnames);

result2 = sdem_panel_FE_g (y, x, W, T, ndraw, nomit, prior);
vnames = strvcat ('cclaims','jobposts','athome');
prt_panel (result2, vnames);
```

= = = = = = = = = = = comparative estimation results[①] = = = = = = = = =

* * * * * * * * * * * SDM model estimates * * * * * * * * * * *

Variable	Coefficient	t-stat	t-prob
jobposts	− 0.174224	− 4.072666	0.000046
athome	0.678866	4.378770	0.000012
W − jobposts	0.011100	0.139468	0.889080
W − athome	− 0.926846	− 3.993548	0.000065
rho	0.180633	7.008094	0.000000

Direct	Coefficient	t-stat	t-prob
jobposts	− 0.175164	− 4.056206	0.000051
athome	0.642723	4.294494	0.000018

Indirect	Coefficient	t-stat	t-prob
jobposts	− 0.024074	− 0.256368	0.797688
athome	− 0.945531	− 3.742936	0.000186

Total	Coefficient	t-stat	t-prob
jobposts	− 0.199238	− 1.824890	0.068139
athome	− 0.302808	− 1.415448	0.157064

* * * * * * * * * * * SDEM model estimates * * * * * * * * * * *

Variable	Coefficient	t-stat	t-prob
jobposts	− 0.178411	− 4.209842	0.000026
athome	0.635980	4.327499	0.000015

[①] 原文两个模型的结果是左右摆放，这里为了呈现需要改为上下摆放。

W-jobposts	-0.038076	-0.439337	0.660417
W-athome	-0.877533	-3.710292	0.000207
rho	0.181717	7.028255	0.000000
Direct	Coefficient	t-stat	t-prob
jobposts	-0.178411	-4.209842	0.000026
athome	0.635980	4.327499	0.000016
Indirect	Coefficient	t-stat	t-prob
jobposts	-0.038076	-0.439337	0.660456
athome	-0.877533	-3.710292	0.000212
Total	Coefficient	t-stat	t-prob
jobposts	-0.216487	-2.129742	0.033292
athome	-0.241552	-1.197095	0.231386

估计结果如上所示。可以发现，两个模型的估计结果非常相似，这与在模型比较时 SDM 和 SDEM 的后验概率相似的结论一致。这种结果也与 LeSage 和 Pace（2014）提出的"空间计量经济最大的迷思（biggest myth）"吻合。他们指出，研究人员倾向于相信空间回归模型产生的估计和推论对空间权重矩阵的微小差异有高度的敏感性。然而，这远非事实，因为在矩阵 W 的 n^2 个元素中，少数元素的不同可能会导致矩阵与向量乘积 Wy, Wx 是高度相关的。之所以产生迷思是因为多数研究者关注参数 β 和 ρ 的估计值，而不是关注直接、间接和总效应这些标量汇总估计所反映的正确估计值。直接、间接和总效应估计才反映了模型的真实偏导数，而不是参数 β 和 ρ 的估计值。

5.2 比较静态面板数据模型的空间权重矩阵

在 2020 年新冠疫情样本数据集分析中，我们选用的空间权重矩阵 W_c 是基于美国 48 个州的第一阶（first-order）相邻州生成的，并赋予边界相邻州相等的权重。第二个空间权重矩阵 W_b 则是根据各州与相邻州共同的边界英里数设置矩阵权重。与 W_c 不同，W_b 矩阵为各邻州分配的空间权重不相等。

假设我们尚未决定适当的空间计量模型，在接下来的例子中，我们将生成一组包含 6 个模型的对数边缘似然来进行模型比较，其中 3 个模型（SDM、SDEM 和 SLX 模型）基于权重矩阵 W_c，另外 3 个模型基于权重矩阵 W_b。

在使用 lmarginal_static_panel() 函数时，需使用 $N \times N$ 权重矩阵，该函数不适用于 $NT \times NT$ 的矩阵设定。

文件 state_borders.xlsx 为相邻州的边界英里数,因为它是一个上三角形的矩阵,因此需要先将矩阵对称化,然后使用工具箱中的 $normw$ ( ) 函数对其进行行归一化。

```
% model_comparison_chapter5p2.m demo file
clear all;
[cclaims, b] = xlsread ('../demo_data/weekly.xlsx', 1);
% read data from sheet 1 of Excel spreadsheet
% growth rate of unemployment 2019-2020 from same week, previous year
snames = strvcat (b (2: end, 1) ); % 48 state names
tnames = strvcat (b (1, 2: end) ); % 51 week labels
[N, T] = size (cclaims);
[jobposts, b] = xlsread ( ../demo_data/weekly.xlsx', 2);
% read data from sheet 2 of Excel spreadsheet
% change in job offers from 1st week of 2020
[athome, b] = xlsread ('../demo_data/weekly.xlsx', 3);
% read data from sheet 3 of Excel spreadsheet
% growth rate of percent population at home
% 2019-2020 from same week, previous year
[a, b] = xlsread ('../demo_data/Wcont48.xlsx');
% 48 x 48 contiguity matrix for states
Wc = normw (a);
% miles of borders in common
[a, b] = xlsread ('../demo_data/states_borders.xlsx');
Wmiles = a (:, 2: end);
% only upper triangular
% so we make it symmetric
for i = 1: 48
    for j = 1: 48
      if Wmiles (i, j) > 0
        Wmiles (j, i) = Wmiles (i, j);
      end
    end
end

Wb = normw (Wmiles);

y = vec (cclaims);
```

```
x = [vec(jobposts) vec(athome)];

model = 3; % both state and time fixed effects
[ywith, xwith, meanny, meannx, meanty, meantx] = demean(y, x, N, T, model);

info.lflag = 0; % exact log-determinant
% info.lflag = 1; uses Pace and Barry approximation
% which is faster for large data samples

result1c = lmarginal_static_panel(ywith, xwith, Wc, N, T, info);
result1b = lmarginal_static_panel(ywith, xwith, Wb, N, T, info);

fprintf(1,'state and time fixed effects: log marginal likelihoods and model probabilities \n');
in.cnames = strvcat('Wc log-marginal','model probs');
in.rnames = strvcat('model','slx','sdm','sdem');
in.width = 10000;
in.fmt = '%10.4f';
out1 = [result1c.lmarginal result1c.probs];
mprint(out1, in);

fprintf(1,'state and time fixed effects: log marginal likelihoods and model probabilities \n');
in.cnames = strvcat('Wb log-marginal','model probs');
in.rnames = strvcat('model','slx','sdm','sdem');
in.width = 10000;
in.fmt = '%10.4f';
out2 = [result1b.lmarginal result1b.probs];
mprint(out2, in);

% compare all models
lmarginals = [result1c.lmarginal
              result1b.lmarginal];

probs = model_probs(lmarginals);
% rearrange for pretty printing
mprobs = reshape(probs, 3, 2);
```

```
out = [result1c.lmarginal mprobs (:, 1) result1b.lmarginal mprobs (:, 2) ];

fprintf (1,´Comparison of Wc and Wb \ n´);
in.cnames = strvcat (´Wc log-marginal´,´Wc model probs´,´Wb log-marginal´,´Wb model probs´);
in.rnames = strvcat (´model´,´slx´,´sdm´,´sdem´);
in.width = 10000;
in.fmt = ´%10.4f´;
mprint (out, in);
```

程序首先基于权重矩阵 W_c 生成了 SDM、SDEM 和 SLX 模型 3 个模型的对数边缘似然，然后基于权重矩阵 W_b 产生了另外的 SDM、SDEM 和 SLX 模型 3 个模型的对数边缘似然。我们可以将这 6 个对数边缘似然放在一个向量中，并利用工具箱中的 *probs* () 函数来计算 6 个模型的后验概率。

```
% results returned by running model_comparison_chapter5p2.m
state and time fixed effects: log marginal likelihoods and model probabilities
        model           Wc log-marginal        model probs
        slx             - 747.3945             0.0000
        sdm             - 723.0018             0.4800
        sdem            - 722.9218             0.5200

state and time fixed effects: log marginal likelihoods and model probabilities
        model           Wb log-marginal        model probs
        slx             - 742.2608             0.0000
        sdm             - 714.8122             0.6329
        sdem            - 715.3568             0.3671

Comparison of Wc and Wb
model   Wc log-marginal  Wc model probs  Wb log-marginal  Wb model probs
slx     - 747.3945       0.0000          - 742.2608       0.0000
sdm     - 723.0018       0.0002          - 714.8122       0.6326
sdem    - 722.9218       0.0002          - 715.3568       0.3670
```

结果显示，以边界英里数为权重矩阵的 SDM 拥有最高的模型概率 0.6326。相反，模型后验概率并不支持采用分配相同权重方法的矩阵 W_c，仅约为 0.0002。如果将最后一组输出的模型后验概率加总，其总和应为 1（忽略可能的舍入误差）。

基于权重矩阵 W_b 的 SDM 和 SDEM 的效应估计值如下。我们发现估计值在不同模型间并无显著的差异，换言之，解释变量的改变对失业救济的直接和间接影响在不同模型中得出的结论大致相同。这与在模型比较中分配给两个模型较高的后验概率一致（0.6326 与 0.3670）。当然，这些结果也与对不同模型的对数边缘似然得到的结论一致：在空间相关性较低的情况下，不同空间计量模型的估计和推论不会存在很大的不同。在这种情况下，SDM、SDEM 和 SLX 模型对样本数据的拟合效果相似，相应的标量汇总效应估计值也相似。

Heterocedastic model estimates①

* * * * * * * * SDEM model estimates * * * * * * * * *

Direct	Coefficient	t-stat	t-prob
jobposts	-0.169055	-3.693657	0.000226
athome	0.672698	4.180780	0.000030

Indirect	Coefficient	t-stat	t-prob
jobposts	-0.077728	-0.931479	0.351698
athome	-0.969803	-4.276090	0.000020

Total	Coefficient	t-stat	t-prob
jobposts	-0.246783	-2.438218	0.014831
athome	-0.297106	-1.570733	0.116374

* * * * * * * * SDM model estimates * * * * * * * * *

Direct	Coefficient	t-stat	t-prob
jobposts	-0.152946	-3.706387	0.000215
athome	0.655733	4.386606	0.000012

Indirect	Coefficient	t-stat	t-prob
jobposts	-0.070866	-0.810875	0.417516
athome	-1.036595	-4.559794	0.000005

Total	Coefficient	t-stat	t-prob
jobposts	-0.223811	-2.164720	0.030505
athome	-0.380862	-2.017440	0.043759

5.3 比较给定模型的权重矩阵

本节示范使用 *lmarginal_static_panel*（）函数来比较 10 种不同的空间权重矩阵。假设我们已经决定使用 SDM，但未能决定应该使用多少数量的等权重最近邻（e-

---

① 原文两个模型的结果是左右摆放，这里为了呈现需要改为上下摆放。

qually weighted nearest neighbors）构建的权重矩阵。

在以下程序中，我们将 10 个不同权重矩阵存储在名为 Wmatrix（j）.model 的结构变量中，其中 j 的范围为 1 个到 10 个最近邻。所有权重矩阵都基于相同的经纬度坐标，这些坐标正态随机生成。

y 变量是基于具有 5 个最近邻的权重矩阵生成的，并通过 *for iter*＝1：10 循环计算 10 个模型的对数边缘似然。*lmarginal_static_panel*（）函数生成 SDM、SDEM 和 SLX 模型的对数边缘似然，但本节仅存储 SDM 的对数边缘似然（SDM 是用于生成 y 向量的真实模型）。

```
% model_comparison_chapter5p3.m file
clear all;
sd = 221010;
rng(sd);

N = 400;
xc = randn(N, 1);
yc = randn(N, 1);

Wmatrix(1).model = make_neighborsw(xc, yc, 1);

for j = 2:10
        Wmatrix(j).model = make_neighborsw(xc, yc, j);
end

T = 10;
k = 2;
beta = [1
            2];
theta = [1.5
                -0.5];
bparms = [beta
                theta];
x = randn(N*T, k);
rho = 0.4;
sige = 1;
evec = randn(N*T, 1)*sqrt(sige);
```

```matlab
Wtrue = Wmatrix(5).model;
xbeta = [x kron(eye(T), Wtrue)*x]*bparms;

% add fixed effects to the DGP
tts = (1:N)*(1/N);
SFE = kron(ones(T,1), tts');
ttt = (1:T)*(1/T);
TFE = kron(ttt', ones(N,1));

y = (speye(N*T) - rho*kron(eye(T), Wtrue))\(xbeta + SFE + TFE + evec);

xmat = [x kron(eye(T), Wtrue)*x];

lmarginal_save = [];
rnames = strvcat('# of neighbors');

for iter = 1:10
    W = Wmatrix(iter).model;
model = 3; % fixed effects for both regions and time periods
[ywith, xwith, meanny, meannx, meanty, meantx] = demean(y, xmat, N, T, model);

info.lflag = 0; % exact log-determinant
result = lmarginal_static_panel(ywith, xwith, W, N, T, info);

lmarginal_save = [lmarginal_save
                  result.logm_sdm];
rnames = strvcat(rnames, num2str(iter));
end

probs = model_probs(lmarginal_save);

in.rnames = rnames;
in.cnames = strvcat('log-marginal','prob');
in.width = 10000;
in.fmt = '%10.4f';
fprintf(1,'log-marginals for varying W-matrices \n');
```

```
mprint ( [lmarginal_save probs], in);
```

在存储 10 个 SDM 的对数边缘似然之后，我们利用工具箱中的 *probs* ( ) 函数计算对应于对数边缘似然的模型后验概率。从以下程序可以看出，当使用正确的 5 个最近邻为权重矩阵时，其模型后验概率为 1，其他所有模型的后验概率均为 0。

log-marginals for varying W-matrices

N = 400, rho = 0.4

# of neighbors	log-marginal	prob
1	-7049.5492	0.0000
2	-6980.0610	0.0000
3	-6948.2477	0.0000
4	-6920.6005	0.0000
5	-6886.0737	1.0000
6	-6913.8026	0.0000
7	-6923.9645	0.0000
8	-6934.5711	0.0000
9	-6949.7847	0.0000
10	-6963.0255	0.0000

log-marginals for varying W-matrices

N = 200, rho = 0.2

# of neighbors	log-marginal	prob
1	-3472.3730	0.0000
2	-3466.0821	0.0000
3	-3459.9610	0.0000
4	-3454.8303	0.0005
5	-3447.3366	0.9766
6	-3452.2006	0.0075
7	-3452.7329	0.0044
8	-3452.0855	0.0085
9	-3453.4688	0.0021
10	-3455.2923	0.0003

上述程序中的下半部分结果基于将样本数减少为 $N=200$（之前为 400），并且使用较低的空间依赖参数 $\rho=0.2$（之前为 0.4）。我们预期这项实验会产生较差的结果。我们确实观察到模型后验概率有所下降（从 1 下降到 0.9766），但模型比较仍然会得

出正确的结论，即 5 个最近邻是正确的权重矩阵。

5.4 比较权重矩阵和模型

我们可以同时比较 SDM、SDEM 和 SLX 模型在不同的权重矩阵下的后验概率。一旦生成了对数边缘似然矩阵，就可以把矩阵转换成向量，并运用工具箱中的 *model_prob* () 函数计算相应的权重矩阵和模型的后验概率。

模型后验概率包括标准化后的 3 种模型设定乘 10 个不同的权重矩阵，因此 30 个对数边缘似然构成的向量对应的概率总和为 1。

下面的程序示范了如何将从 result.lmarginal 得到的 1×3 的对数边缘似然向量储存为 10×3 的名为 lmarginal_save 的矩阵。

```
% model_comparison_chapter5p4.m file
clear all;
sd = 221010;
rng (sd);


N = 400;
xc = randn (N, 1);
yc = randn (N, 1);


Wmatrix (1) .model = make_neighborsw (xc, yc, 1);


for j = 2: 10
    Wmatrix (j) .model = make_neighborsw (xc, yc, j);
end


T = 10;
k = 2;
beta = [1
        2];
theta = [1.5
         -0.5];
bparms = [beta
          theta];
x = randn (N * T, k);
rho = 0.7;
```

```
sige = 1;
evec = randn (N * T, 1) * sqrt (sige);


Wtrue = Wmatrix (5) .model;
xbeta = [x kron (eye (T), Wtrue) * x] * bparms;

% add fixed effects to the DGP
tts = (1: N) * (1/N);
SFE = kron (ones (T, 1), tts´);
ttt = (1: T) * (1/T);
TFE = kron (ttt´, ones (N, 1) );


y = (speye (N * T) - rho * kron (eye (T), Wtrue) ) \ (xbeta + SFE + TFE + evec);


xmat = [x kron (eye (T), Wtrue) * x];


lmarginal_save = zeros (10, 3);
rnames = strvcat (´# of neighbors´);


for iter = 1: 10
    W = Wmatrix (iter) .model;
model = 3; % fixed effects for both regions and time periods
[ywith, xwith, meanny, meannx, meanty, meantx] = demean (y, xmat, N, T, model);


info. lflag = 0; % exact log - determinant
result = lmarginal_static_panel (ywith, xwith, W, N, T, info);


lmarginal_save (iter,:) = result. lmarginal´;
rnames = strvcat (rnames, num2str (iter) );
end


probs = model_probs (vec (lmarginal_save) );


probs3 = reshape (probs, 10, 3);


in. rnames = rnames;
```

```
in. cnames = strvcat ('SLX','SDM','SDEM');
in. width = 10000;
in. fmt = '%10.4f';
fprintf (1,'log-marginals for varying W-matrices AND models \n');
mprint (probs3, in);
```

log-marginals for varying W-matrices AND models

# of neighbors	SLX	SDM	SDEM
1	0.0000	0.0000	0.0000
2	0.0000	0.0000	0.0000
3	0.0000	0.0000	0.0000
4	0.0000	0.0000	0.0000
5	0.0000	1.0000	0.0000
6	0.0000	0.0000	0.0000
7	0.0000	0.0000	0.0000
8	0.0000	0.0000	0.0000
9	0.0000	0.0000	0.0000
10	0.0000	0.0000	0.0000

将 10×3 矩阵向量化（vectorized）后，运用工具箱中的 *model_prob*（）函数计算 30 个模型后验概率，再使用 MATLAB 的 *reshape*（）函数生成并输出 10×3 的矩阵。这些步骤有助于以正确的顺序来比较模型和权重矩阵。

结果显示，程序正确地识别了生成样本的模型与权重矩阵（即利用 5 个最近邻矩阵的 SDM）。

5.5 比较 SLX 权重矩阵与模型

5.1 节曾讨论如果 SLX 模型为正确的模型，我们不会得到该模型的后验概率等于 1 的结论。这是因为 SLX 模型可被视为当空间依赖参数等于零时（$\rho=0$）的 SDM 或 SDEM。接下来的程序通过生成一个 SLX 模型作为真实的模型来说明这个问题，该模型采用基于 5 个最近邻的权重矩阵。

```
% model_comparison_chapter5p5.m file
clear all;
sd = 221010;
rng (sd);
N = 200;
xc = randn (N, 1);
yc = randn (N, 1);
```

第五章 模型比较

```
Wmatrix (1) .model = make_neighborsw (xc, yc, 1);
for j = 2: 10
      Wmatrix (j) .model = make_neighborsw (xc, yc, j);
end

T = 10;
k = 2;
beta = [-1
        1];
theta = [0.5
         -0.5];
bparms = [beta
          theta];
x = randn (N * T, k);
sige = 1;
evec = randn (N * T, 1) * sqrt (sige);

Wtrue = Wmatrix (5) .model;
% SLX model x-matrix times beta
xbeta = [x kron (eye (T), Wtrue) * x] * bparms;

% add fixed effects to the DGP
tts = (1: N) * (1/N);
SFE = kron (ones (T, 1), tts');
ttt = (1: T) * (1/T);
TFE = kron (ttt', ones (N, 1) );
% slx model
y = (xbeta + SFE + TFE + evec);

lmarginal_save = zeros (10, 3);
rnames = strvcat ('# of neighbors');
model = 3; % fixed effects for both regions and time periods

for iter = 1: 10
      W = Wmatrix (iter) .model;
```

```
         xmat = [x kron (eye (T), W) * x];

    [ywith, xwith, meanny, meannx, meanty, meantx] = demean (y, xmat, N, T, model);

    info. lflag = 0; % exact log-determinant
    result = lmarginal_static_panel (ywith, xwith, W, N, T, info);
    lmarginal_save (iter,:) = result. lmarginal´;
    rnames = strvcat (rnames, num2str (iter) );
end

probs = model_probs (vec (lmarginal_save) );
probs3 = reshape (probs, 10, 3);

in. rnames = rnames;
in. cnames = strvcat (´SLX´,´SDM´,´SDEM´);
in. width = 10000;
in. fmt = ´%10.4f´;
fprintf (1,´log-marginals for varying W-matrices AND models \ n´);
mprint (probs3, in);

log-marginals for varying W-matrices AND models
```

# of neighbors	SLX	SDM	SDEM
1	0.0000	0.0000	0.0000
2	0.0000	0.0000	0.0000
3	0.0000	0.0000	0.0000
4	0.0000	0.0000	0.0000
5	0.3435	0.3014	0.3551
6	0.0000	0.0000	0.0000
7	0.0000	0.0000	0.0000
8	0.0000	0.0000	0.0000
9	0.0000	0.0000	0.0000
10	0.0000	0.0000	0.0000

上面的结果确实指向具有5个最近邻的权重矩阵的SLX模型,但我们并没有观察到类似5.1节的情况,即当SDM为正确模型时,其模型概率接近于1。相反,我们发现以5个最近邻为权重矩阵的SDM、SDEM和SLX模型有几乎相同的概率(约为0.33)。这表示当空间依赖参数$\rho=0$时,贝叶斯模型比较方法很难区分SDM、SDEM和SLX模型。此结果与理论相吻合。

在这种情况下,我们需选择 SLX 模型为正确的模型设定,但在下结论前,我们可以通过估计 SDM 和 SDEM 确认空间依赖参数是否为零。

为了进一步分析在极端条件下的模型比较结果,我们使用非常小的噪声方差(noise variance)$\sigma^2=0.001$(之前 $\sigma^2=1$)和较大的样本数 $N=10,000$(之前 $N=200$)生成一组结果(见 model_comparison_chapter5p5b.m 文件),其结果如下。由于我们使用较大的样本数,因此使用对数行列式的近似方法生成结果,总耗时约为 5.7 秒。

log-marginals for varying W-matrices AND models

# of neighbors	SLX	SDM	SDEM
1	0.0000	0.0000	0.0000
2	0.0000	0.0000	0.0000
3	0.0000	0.0000	0.0000
4	0.0000	0.0000	0.0000
5	0.4970	0.2515	0.2516
6	0.0000	0.0000	0.0000
7	0.0000	0.0000	0.0000
8	0.0000	0.0000	0.0000
9	0.0000	0.0000	0.0000
10	0.0000	0.0000	0.0000

从上面结果中,我们得到了有利的证据支持以 5 个最近邻为矩阵的 SLX 模型为正确的模型,其后验概率约为 0.5。剩余的 0.5 概率平均分配在 SDM 和 SDEM 中,当然,这是因为在 $\rho=0$ 的情形下,这两个模型彼此非常相似,也类似于 SLX 模型。尽管在数据生成过程中空间依赖参数 $\rho=0$,但某些非零值 ρ 在积分过程中可能有一些影响,导致进行模型比较时混杂一些后验概率支持 SDM 和 SDEM。

5.6 本章小结

在第三章和第四章,我们提出了一系列权重矩阵凸组合模型,这些模型扩展了空间回归模型的灵活性,允许观察值之间的依赖性不仅局限于空间上的连接或者相关。例如,除了传统的空间关联性权重矩阵,我们也可以构建基于区域间商品依存或人口迁移流动的权重矩阵。

一旦我们打开使用多个权重矩阵的大门,关于应该使用多少个权重矩阵以及该使用哪些权重矩阵就成为重要的课题。我们将在下一章讨论基于不同数量权重矩阵的模型比较。

与普通最小二乘回归的情况不同,在普通最小二乘回归中,添加不相关的解释变量不会导致相关的解释变量估计值产生偏误,权重凸组合空间回归模型可能会因为加入不相关的权重矩阵而受到影响。为了说明这一点,考虑到不相关的权重矩阵会导致

凸组合参数 $\gamma_m = 1, \cdots, M$ 的后验估计值不为零，这些非零的值堆积在参数空间的下限 0 和上限 1 之间。当存在大量不相关的权重矩阵时，会削减相关权重矩阵对应的权重，导致相应的 γ 参数的估计值出现偏误。

5.7 本章参考文献

Barry, R. P. and R. K. Pace. A Monte Carlo Estimator of the Log Determinant of Large Sparse Matrices. *Linear Algebra and Its Applications*, 1999, 289.

Debarsy, N. and J. P. LeSage. Bayesian Model Averaging for Spatial Autoregressive Models based on Convex Combinations of Different Types of Connectivity Matrices. *Journal of Business & Economic Statistics*, 2021, 40 (2).

Grieser, W., J. P. LeSage and M. Zekhnini. Industry Networks and the Geography of Firm Behavior. *SSRN Electronic Journal*, 2021, 9 (8).

Grieser, W., C. Hadlock, J. P. LeSage, et al. Network Effects in Corporate Financial Policies. *Journal of Financial Economics*, 2021, 144 (1).

Koop, G. *Bayesian Econometrics*. John Wiley & Sons, West Sussex, England, 2003.

Lesage, J. P. Spatial Econometric Panel Data Model Specification: A Bayesian Approach. *Spatial Statistics*, 2014, 9 (C).

LeSage, J. P. and R. K. Pace. The Biggest Myth in Spatial Econometrics. *Econometrics*, 2014, 2 (4).

LeSage, J. P. Software for Bayesian Cross Section and Panel Spatial Model Comparison. *Journal of Geographical Systems*, 2015, 17.

LeSage, J. P. Fast MCMC Estimation of Multiple W-matrix Spatial Regression Models and Metropolis Hastings-Monte Carlo Log Marginal Likelihoods. *Journal of Geographical Systems*, 2020, 22.

LeSage, J. P. and R. K. Pace. Interpreting Spatial Econometric Models. M. Fischer, P. Nijkamp (eds). *Handbook of Regional Science*. Springer, Berlin, Heidelberg, 2014.

Pace, R. K. and R. P. Barry. Quick Computation of Spatial Aautoregressive Estimators. *Geographical Analysis*, 1997, 29.

Zellner, A. *An Introduction to Bayesian Inference in Econometrics*. John Wiley and Sons, West Sussex, England, 1971.

第六章

凸组合模型的模型比较

6.1 比较凸组合空间回归模型

我们也可以使用对数边缘似然来比较权重凸组合模型（convex combination of weights model），但在这些模型中，参数值无法使用简单的单变量数值积分程序积分得出。这是因为在用分析积分方法边缘化参数 β，σ^2 后，还剩下参数 ρ，Γ 的联合后验分布（joint posterior distribution），两者必须通过数值积分边缘化，然而多元数值积分涉及烦琐的计算过程。LeSage（2020）以及 Debarsy 和 LeSage（2021）使用梅特罗波利斯－黑斯廷斯算法引导的蒙特卡洛积分处理了对参数 ρ，γ_1，$\cdots$，γ_M 进行多元数值积分的问题。

蒙特卡洛积分使用参数值的随机抽样（random draws）来测算要积分的表达式。这种方法的一个缺点是计算效率低下，因为参数的许多随机抽样不在被积分函数的高密度区域。LeSage（2020）建议在估计模型参数时，将用于生成因变量参数的 Metropolis-Hastings 抽样程序用于蒙特卡洛积分。此方法可提高计算效率，因为 Metropolis-Hastings 算法对参数 ρ，Γ 的抽样会将抽样的参数值引导到联合后验分布的高密度区域。这使我们能够生成计算效率高的蒙特卡洛积分法对数边缘似然。

上述方法的一个缺点是，为了得到对数边缘似然的估计值，我们需要真的对被比较的模型进行估计。这与前文讨论的传统静态面板数据模型情况不一样，在传统静态面板数据模型中，我们可以在不估计被比较的模型的情况下进行单变量数值积分。这也意味着，对于由数值积分得到的静态模型的对数边缘似然与由蒙特卡洛积分得到的权重凸组合模型的对数边缘似然，我们无法进行合理的比较。

权重凸组合模型允许多个权重矩阵，也因此产生了模型需要包括哪些权重矩阵和不需要哪些权重矩阵的问题。假设我们有 L 个候选的权重矩阵，那么包含两个或两个以上的权重矩阵的模型总共有 $M=2^L-L-1$ 种可能。举例来说，当我们有 5 个候选的权重矩阵（$L=5$）时，会产生 $M=26$ 种可能的模型，每种均包含两个或两个以上的矩阵，如果候选的权重矩阵增加到 10 个，则会产生高达 $M=1,013$ 种可能的模型。为了解决这种关于模型的不确定性，在使用 MCMC 估计 M 组可能模型的对数边缘似然和相关的后验概率时，我们运用 Metropolis-Hastings 算法引导的蒙特卡洛积分方法。此方法生成贝叶斯模型平均估计值（Bayesian model averaged estimates）。基于用此方法估计单一权重凸组合模型的速度，以及多核计算机的系统结构，我们可以快速地估计大量可能的模型，即使是在有 10 个权重矩阵的情况下。

本章主要讨论如何将贝叶斯模型平均方法运用于权重凸组合静态面板数据模型。具体而言，我们依据贝叶斯模型平均方法来处理涉及大量连通矩阵（connectivity matrices）的模型不确定问题。

6.2 SAR 凸组合 BMA 模型

标量汇总直接效应和间接效应估计值是模型统计推断的重点。鉴于参数 β，Γ，ρ 和这些标量汇总估计值间的非线性关系，应该对每个模型的标量汇总估计用相应的模型概率进行赋权，以构建模型平均估计值。

在接下来的示例中，我们基于 5 个候选 W 矩阵，生成了所有可能的模型（$M=26$）的估计值，每个模型都包含两个或两个以上的矩阵。样本的观测值数量为 $N=400$，$T=5$，因此总样本数为 $N\times T=2000$。在戴尔 6 核 XPS 15-inch 9570 笔记本电脑上只需耗费 37 秒即可计算估计值。读者可以使用 MATLAB 命令 ver 来查看计算机是否安装并行计算工具箱（parallel computing toolbox）。如果显示没有，在使用 *sar_conv_panel_bma_g.m*（）函数时，应在程序中键入 prior.parallel=0 开启单一计算的 for 循环指令，而不是并行计算用的 parfor 循环指令。因为程序默认并行计算 parallel=1，因此如果计算机没有并行计算功能，使用程序时必须键入 prior.parallel=0 关闭并行计算功能。

在这个示例中，使用并行计算功能得到结果仅需耗费 29 秒，而如果使用传统的单一循环指令估计每个模型则需耗费 87 秒。

程序代码如下。在程序中我们生成 5 个权重矩阵，但设定第 5 个矩阵的权重为零（$\gamma=5$），因此因变量 y 的数据生成过程仅采用了其他 4 个矩阵。这 5 个权重矩阵基于不同数量的最近邻并使用不同随机经纬度向量（random latitude-longitude vectors）生成。使用随机经纬度意味着这 5 个权重矩阵可以被视为反映不同类型的网络结构，而不应被视为仅在测试不同数量最近邻的矩阵。LeSage 和 Pace（2014）指出，如果权重矩阵仅基于不同数量的最近邻，则矩阵间会呈现高度相关，因此用只有最近邻数量差别的矩阵生成的凸组合矩阵并不是一个很恰当的方法。

下面的程序显示当我们使用随机经纬度向量生成权重矩阵时，这些矩阵的相关性并不高。

1.0000	0.0036	0.0075	-0.0470	0.0168
0.0036	1.0000	-0.0129	0.0705	-0.0329
0.0075	-0.0129	1.0000	-0.0105	0.0953
-0.0470	0.0705	-0.0105	1.0000	0.0453
0.0168	-0.0329	0.0953	0.0453	1.0000

该程序运用了 Metropolis-Hastings 算法引导的蒙特卡洛积分方法，为 26 个模型生成对数边缘似然。程序会输出每个模型的估计值，包括参数 γ 的估计值和对数边缘似然的估计值，以及参数 ρ 的估计值。在 26 个模型当中，第 21 个模型是得到向量 y 的数据生成过程。当然，在估计 26 个不同的模型时，所有 X 变量都保持不变。使用模型的对数边缘似然估计值来比较具有不同解释变量的模型是无效的，因为这些边缘似然不依赖分配给参数 β，σ^2 的先验。

```
% sar BMA program for sar_conv_panel_bma_gd.m
clear all;
sd = 221010;
rng(sd);

% estimate all possible models
% with two or more W-matrices
nweights = 5;

% np = 26
n = 400;
t = 5;
xc = randn(n, 1); % generate 5 W-matrices
yc = randn(n, 1);
W1 = make_neighborsw(xc, yc, 5); % 5 nearest neighbors W-matrix

xc = randn(n, 1);
yc = randn(n, 1);
W2 = make_neighborsw(xc, yc, 8); % 8 nearest neighbors W-matrix

xc = randn(n, 1);
yc = randn(n, 1);
W3 = make_neighborsw(xc, yc, 10); % 10 nearest neighbors W-matrix
```

```
xc = randn (n, 1);
yc = randn (n, 1);
W4 = make_neighborsw (xc, yc, 6); % 6 nearest neighbors W-matrix

xc = randn (n, 1);
yc = randn (n, 1);
W5 = make_neighborsw (xc, yc, 4); % 4 nearest neighbors W-matrix

gamma1 = 0.3; % assign gamma weights
gamma2 = 0.3;
gamma3 = 0.2;
gamma4 = 0.2;
gamma5 = 0.0; % W5 is not really in the model
gtrue = [gamma1
         gamma2
         gamma3
         gamma4
         gamma5];
%
Wc = gamma1 * W1 + gamma2 * W2 + gamma3 * W3 + gamma4 * W4 + gamma5 * W5;
u = randn (n, 1);

corrcoef ( [W1 * u W2 * u W3 * u W4 * u W5 * u] )

k = 4; % 4 explanatory variables
x = [randn (n * t, k) ];
beta = [1
        -1
        -0.5
        1.5];
btrue = beta;
sige = 1;
strue = sige;
rho = 0.7;
ptrue = rho;
% generate True model
```

```
% add fixed effects to the DGP
tts = (1: n) * (1/n);
SFE = kron (ones (t, 1), tts´);
ttt = (1: t) * (1/t);
TFE = kron (ttt´, ones (n, 1) );

y = (speye (n * t) - rho * kron (eye (t), Wc) ) \ (x * beta + SFE + TFE + randn (n * t, 1) * sqrt (sige) );


ndraw = 30000;
nomit = 10000;
prior. thin = 5; % retains only 2000 draws from 30, 000
                 % by skipping every 5
prior. model = 3; % fixed effects


Wmatrices = [W1 W2 W3 W4 W5];

% Estimation of Bayesian model averaging estimates using five matrices
result = sar_conv_panel_bma_g (y, x, Wmatrices, n, t, ndraw, nomit, prior);
vnames = strvcat (´y´,´x1´,´x2´,´x3´,´x4´);
prt_panel_bma (result, vnames);


prior. parallel = 0; % turn off parallel processing①
result = sar_conv_panel_bma_g (y, x, Wmatrices, n, t, ndraw, nomit, prior);
prt_panel_bma (result, vnames);



% results printed by the sar_conv_panel_bma_g () function
% file: sar_convg_panel_bma_gd

Starting parallel pool (parpool) using the ´local´ profile...
connected to 4 workers②.
```

---

① 并行计算对电脑配置有一定的要求,用户可选择关闭。
② 译者重新运行了该程序,采用并行计算方法。

Models	logm	Prob	rho	W1	W2	W3	W4	W5
Model 1	−3334.285	0.000	0.400	0.579	0.421	0.000	0.000	0.000
Model 2	−3350.805	0.000	0.363	0.633	0.000	0.367	0.000	0.000
Model 3	−3343.143	0.000	0.366	0.635	0.000	0.000	0.365	0.000
Model 4	−3364.269	0.000	0.256	0.901	0.000	0.000	0.000	0.099
Model 5	−3407.408	0.000	0.303	0.000	0.552	0.448	0.000	0.000
Model 6	−3400.454	0.000	0.305	0.000	0.558	0.000	0.442	0.000
Model 7	−3420.688	0.000	0.193	0.000	0.865	0.000	0.000	0.135
Model 8	−3414.940	0.000	0.276	0.000	0.000	0.514	0.486	0.000
Model 9	−3434.034	0.000	0.171	0.000	0.000	0.817	0.000	0.183
Model 10	−3428.947	0.000	0.160	0.000	0.000	0.000	0.816	0.184
Model 11	−3323.531	0.000	0.523	0.438	0.318	0.244	0.000	0.000
Model 12	−3313.903	0.000	0.536	0.432	0.316	0.000	0.253	0.000
Model 13	−3336.802	0.000	0.417	0.552	0.395	0.000	0.000	0.053
Model 14	−3331.241	0.000	0.498	0.461	0.000	0.269	0.269	0.000
Model 15	−3352.860	0.000	0.387	0.591	0.000	0.341	0.000	0.068
Model 16	−3345.312	0.000	0.389	0.593	0.000	0.000	0.341	0.065
Model 17	−3388.699	0.000	0.439	0.000	0.382	0.309	0.309	0.000
Model 18	−3409.424	0.000	0.326	0.000	0.502	0.413	0.000	0.085
Model 19	−3402.561	0.000	0.327	0.000	0.514	0.000	0.406	0.080
Model 20	−3416.571	0.000	0.302	0.000	0.000	0.460	0.437	0.102
Model 21	−3302.631	0.921	0.659	0.348	0.251	0.195	0.206	0.000
Model 22	−3325.950	0.000	0.541	0.422	0.299	0.237	0.000	0.042
Model 23	−3316.368	0.000	0.553	0.415	0.303	0.000	0.243	0.039
Model 24	−3333.367	0.000	0.520	0.439	0.000	0.255	0.256	0.050
Model 25	−3390.779	0.000	0.461	0.000	0.358	0.292	0.292	0.058
Model 26	−3305.089	0.079	0.678	0.337	0.242	0.190	0.198	0.033
BMA	−3302.825	1.000	0.660	0.347	0.250	0.195	0.206	0.003
highest	−3302.631	0.921	0.659	0.348	0.251	0.195	0.206	0.000

上面输出的结果显示，第 21 个模型有最高的后验概率，取值 0.921，而第 26 个模型是其他模型中唯一一个有非零后验概率的模型，其值为 0.079。第 26 个模型是基于 5 个权重矩阵生成的，而第 21 个模型基于 W1，W2，W3 和 W4 的真实权重。第 26 个模型中的第 5 个矩阵的权重估计值 $\hat{\gamma}_5$ 为 0.033，这会降低这个不正确的模型中其他 4 个矩阵的权重估计值 γ_i，$i=1,\cdots,4$。BMA 为模型平均估计，它是由第 21 个模型和第 26 个模型的参数基于相应的后验概率进行线性组合得到的。highest 为从所有模型中选出拥有最高对数边缘似然率的模型（第 21 个模型），以方便研究者进行模型比较。我们可以观察到，在使用模型平均方法后，第 5 个矩阵的权重已从 $\hat{\gamma}_5=0.033$ 降低到 $\hat{\gamma}_5=0.003$。因为第 5 个矩阵的权重已降低到接近零，这会使得其他 4 个矩阵的

权重估计值 γ_i，$i=1$，…，4 更接近其真实的权重。当然，在这个例子中，因为正确的模型（第 21 个模型）有高达 92％的模型概率，利用模型平均估计（BMA）求得的权重估计值和第 21 个模型的权重估计值并没有太大的区别。

在程序的最后调用 *prt_panel_bma*（）函数会输出模型平均估计值。输出结果包括参数 β，ρ，Γ 的平均估计值，以及直接、间接和总效应的模型平均估计值。这些效应的平均估计值是以各个模型的模型概率为权重，对各模型的效应估计值进行加权平均求得的。这是因为这些效应平均估计值是基础参数 β，ρ 的非线性函数。（LeSage and Pace，2009）请注意，如果要输出模型平均估计值，则需要调用工具箱中的 *prt_panel_bma*（）函数，而非常用的 *prt_panel*（）函数。

```
Bayesian Model Average of SAR convex panel W models
Dependent Variable = y
BMA Log-marginal = -3302.8246
Nobs, T, Nvars = 400, 5, 4
# weight matrices = 5
ndraws, nomit = 30000, 10000
total time = 127.5510
thinning for draws = 5
min and max rho = -1.0000, 1.0000
* * * * * * * * * * * * * * * * * * * * * * * * * * * * * * * * * * *
* * * * * * * * * * * * * * * * * * * * *
          MCMC diagnostics ndraws = 4000
  Variable       Mean       MC error      tau        Geweke
     x1         0.9603     0.00025585   0.904181    0.998832
     x2        -0.9384     0.00032972   1.088441    0.998619
     x3        -0.5328     0.00025135   0.979347    0.997866
     x4         1.5248     0.00033243   1.006933    0.998154
     rho        0.6602     0.00112985   2.471481    0.991230
   gamma1       0.3472     0.00095027   4.735998    0.984720
   gamma2       0.2499     0.00061998   3.940917    0.998776
   gamma3       0.1945     0.00083830   4.293567    0.967312
   gamma4       0.2058     0.00047935   1.790301    0.997467
   gamma5       0.0026     0.00004933   2.351076    0.947421


* * * * * * * * * * * * * * * * * * * * * * * * * * * * * * * * * * *
```

Posterior Estimates

Variable	lower 0.01	lower 0.05	median	upper 0.95	upper 0.99
x1	0.909867	0.920056	0.960390	0.999990	1.012725
x2	-0.991393	-0.977982	-0.938233	-0.898912	-0.886235
x3	-0.584835	-0.574031	-0.532584	-0.492015	-0.479209
x4	1.472586	1.486103	1.524532	1.565536	1.575613
rho	0.564467	0.590389	0.659713	0.734127	0.755434
gamma1	0.283134	0.300285	0.347748	0.394780	0.411515
gamma2	0.186534	0.198418	0.249591	0.300299	0.318112
gamma3	0.113693	0.135840	0.195038	0.251641	0.267888
gamma4	0.143316	0.158721	0.206205	0.251323	0.264033
gamma5	0.000038	0.000186	0.002542	0.005928	0.006854

Direct	lower 0.01	lower 0.05	median	upper 0.95	upper 0.99
x1	0.927567	0.938267	0.978644	1.019547	1.031045
x2	-1.010310	-0.997096	-0.956381	-0.916628	-0.902666
x3	-0.596553	-0.585054	-0.542924	-0.501501	-0.488502
x4	1.500552	1.513949	1.553981	1.595797	1.605751

Indirect	lower 0.01	lower 0.05	median	upper 0.95	upper 0.99
x1	1.234396	1.378802	1.847613	2.651384	2.983150
x2	-2.885771	-2.598669	-1.804599	-1.346730	-1.215515
x3	-1.661319	-1.485571	-1.029068	-0.760379	-0.686454
x4	1.966967	2.185371	2.933396	4.211543	4.690184

Total	lower 0.01	lower 0.05	median	upper 0.95	upper 0.99
x1	2.203625	2.346414	2.826534	3.642482	3.963929
x2	-3.842652	-3.568900	-2.763975	-2.286881	-2.163760
x3	-2.226658	-2.036478	-1.573403	-1.288286	-1.209886
x4	3.516925	3.734485	4.487150	5.776842	6.259048

另外，使用并行计算工具箱并多次运行程序时（即使是固定随机数生成器的种子），程序似乎会产生略有不同的估计结果。如果不使用并行计算，则不会出现此问题。笔者猜想此问题应该源自并行计算工具箱设定随机种子的方法。① 当然，如果在多次运行后结果显著不同，则代表 MCMC 有收敛方面的问题。为解决此问题，可以通过增加 MCMC 抽样次数来判断收敛问题是否仍然存在。在进行 MCMC 估计时，通过增加 MCMC 抽样次数来查看是否会产生不同的估计结果是一个研究上的好习惯。3 次运行该程序得到的第 21 个模型的后验概率分别为 0.919，0.921 和 0.922，结果差别不大。这些结果可能与使用 Metropolis-Hastings 蒙特卡洛近似法产生的蒙特卡洛误差

---

① 此问题在 MATLAB 论坛中有一定的讨论和关注，所以不是本书独有问题。

（Monte Carlo error）有关。下面的程序显示 prior.parallel＝0（关闭并行计算功能）条件下两次运行程序的结果，我们观察到两次运行的估计值一致。

```
% 1st run using standard for-loop
```

Models	logm	Prob	rho	W1	W2	W3	W4	W5
Model 1	-3334.283	0.000	0.400	0.579	0.421	0.000	0.000	0.000
Model 2	-3350.834	0.000	0.363	0.633	0.000	0.367	0.000	0.000
Model 3	-3343.157	0.000	0.366	0.634	0.000	0.000	0.366	0.000
Model 4	-3364.286	0.000	0.256	0.902	0.000	0.000	0.000	0.098
Model 5	-3407.440	0.000	0.301	0.000	0.552	0.448	0.000	0.000
Model 6	-3400.448	0.000	0.305	0.000	0.558	0.000	0.442	0.000
Model 7	-3420.681	0.000	0.194	0.000	0.864	0.000	0.000	0.136
Model 8	-3414.948	0.000	0.275	0.000	0.000	0.515	0.485	0.000
Model 9	-3434.024	0.000	0.169	0.000	0.000	0.821	0.000	0.179
Model 10	-3428.927	0.000	0.161	0.000	0.000	0.000	0.817	0.183
Model 11	-3323.548	0.000	0.523	0.438	0.317	0.245	0.000	0.000
Model 12	-3313.928	0.000	0.537	0.431	0.317	0.000	0.252	0.000
Model 13	-3336.836	0.000	0.418	0.549	0.398	0.000	0.000	0.053
Model 14	-3331.228	0.000	0.497	0.462	0.000	0.268	0.270	0.000
Model 15	-3352.826	0.000	0.387	0.590	0.000	0.343	0.000	0.067
Model 16	-3345.320	0.000	0.388	0.595	0.000	0.000	0.340	0.065
Model 17	-3388.715	0.000	0.439	0.000	0.382	0.312	0.307	0.000
Model 18	-3409.407	0.000	0.324	0.000	0.505	0.411	0.000	0.083
Model 19	-3402.629	0.000	0.326	0.000	0.516	0.000	0.405	0.079
Model 20	-3416.563	0.000	0.303	0.000	0.000	0.458	0.439	0.103
Model 21	-3302.642	0.921	0.659	0.348	0.252	0.194	0.206	0.000
Model 22	-3325.964	0.000	0.542	0.420	0.301	0.236	0.000	0.042
Model 23	-3316.407	0.000	0.552	0.418	0.302	0.000	0.241	0.039
Model 24	-3333.314	0.000	0.520	0.441	0.000	0.253	0.256	0.050
Model 25	-3390.745	0.000	0.460	0.000	0.359	0.293	0.288	0.059
Model 26	-3305.099	0.079	0.678	0.336	0.243	0.188	0.200	0.033
BMA	-3302.836	1.000	0.660	0.347	0.251	0.194	0.205	0.003
highest	-3302.642	0.921	0.659	0.348	0.252	0.194	0.206	0.000

```
% 2nd run using standard for-loop
```

Models	logm	Prob	rho	W1	W2	W3	W4	W5
Model 1	-3334.283	0.000	0.400	0.579	0.421	0.000	0.000	0.000
Model 2	-3350.834	0.000	0.363	0.633	0.000	0.367	0.000	0.000
Model 3	-3343.157	0.000	0.366	0.634	0.000	0.000	0.366	0.000
Model 4	-3364.286	0.000	0.256	0.902	0.000	0.000	0.000	0.098
Model 5	-3407.440	0.000	0.301	0.000	0.552	0.448	0.000	0.000

Model 6	-3400.448	0.000	0.305	0.000	0.558	0.000	0.442	0.000
Model 7	-3420.681	0.000	0.194	0.000	0.864	0.000	0.000	0.136
Model 8	-3414.948	0.000	0.275	0.000	0.000	0.515	0.485	0.000
Model 9	-3434.024	0.000	0.169	0.000	0.000	0.821	0.000	0.179
Model 10	-3428.927	0.000	0.161	0.000	0.000	0.000	0.817	0.183
Model 11	-3323.548	0.000	0.523	0.438	0.317	0.245	0.000	0.000
Model 12	-3313.928	0.000	0.537	0.431	0.317	0.000	0.252	0.000
Model 13	-3336.836	0.000	0.418	0.549	0.398	0.000	0.000	0.053
Model 14	-3331.228	0.000	0.497	0.462	0.000	0.268	0.270	0.000
Model 15	-3352.826	0.000	0.387	0.590	0.000	0.343	0.000	0.067
Model 16	-3345.320	0.000	0.388	0.595	0.000	0.000	0.340	0.065
Model 17	-3388.715	0.000	0.439	0.000	0.382	0.312	0.307	0.000
Model 18	-3409.407	0.000	0.324	0.000	0.505	0.411	0.000	0.083
Model 19	-3402.629	0.000	0.326	0.000	0.516	0.000	0.405	0.079
Model 20	-3416.563	0.000	0.303	0.000	0.000	0.458	0.439	0.103
Model 21	-3302.642	0.921	0.659	0.348	0.252	0.194	0.206	0.000
Model 22	-3325.964	0.000	0.542	0.420	0.301	0.236	0.000	0.042
Model 23	-3316.407	0.000	0.552	0.418	0.302	0.000	0.241	0.039
Model 24	-3333.314	0.000	0.520	0.441	0.000	0.253	0.256	0.050
Model 25	-3390.745	0.000	0.460	0.000	0.359	0.293	0.288	0.059
Model 26	-3305.099	0.079	0.678	0.336	0.243	0.188	0.200	0.033
BMA	-3302.836	1.000	0.660	0.347	0.251	0.194	0.205	0.003
highest	-3302.642	0.921	0.659	0.348	0.252	0.194	0.206	0.000

6.3 SDM 凸组合 BMA 模型

估计 SDM 模型的对数边缘似然存在一个计算上的问题。因为 SDM 模型包括解释变量基于所有 W 矩阵（如 W_1，W_2，$\cdots$，W_M）形成的空间滞后项（spatial lags）。当考虑所有可能包含两个或两个以上矩阵的模型时，解释变量的数量（$X \sum_{m=1}^{M} W_m X$）会随着备选模型的矩阵数量的变化而变化。例如，当我们想比较两个模型时，其中一个模型基于 W_1 和 W_2，而另外一个模型基于 W_1，W_2 和 W_3，这两个模型的 SDM 解释变量数量不同，造成模型比较上的困难。具体而言，在估计对数边缘似然函数时，如果允许改变参数空间大小，将会遇到林德利悖论（Lindley paradox）的问题。Koop（2003）指出，除非我们为模型参数指定适当的贝叶斯先验分布，否则对数边缘似然的方法总会为较简约的模型（parsimonious model）分配更高的模型概率。较简约的模型是指模型拥有比较少的解释变量。

为了更清楚地了解这一点，可以写出权重凸组合 SDM 的表达式，即式（6.1）。从表达式中，我们可以观察到每个权重矩阵 W_m，$m=1,\cdots,M$ 都为模型贡献了额外数量的解释变量。

$$y = \rho W_c(\Gamma) y + X\beta + \sum_{m=1}^{M} W_m X \theta_m + \varepsilon, \quad \varepsilon \sim N(0, \sigma^2 I_n) \quad (6.1)$$

$$W_c(\Gamma) = \sum_{m=1}^{M} \gamma_m W_m, \quad 0 \leqslant \gamma_m \leqslant 1, \quad \sum_{m=1}^{M} \gamma_m = 1$$

$$\Gamma = (\gamma_1, \cdots, \gamma_M)'$$

SDM 这种利用权重矩阵生成解释变量空间滞后项的特性会对比较凸组合 SDM 产生哪些影响？为了演示可能存在的问题，在接下来的示例中，我们使用三个权重矩阵 W_1, W_2, W_3, 分别依照权重 $\gamma_1=0.5$, $\gamma_2=0.3$, $\gamma_3=0.2$ 生成真实模型的 y 向量。基于此设定，真实模型中包括所有三个矩阵。

```
% file: sdm_conv_panel_bma_gd.m
% sdm BMA program for sdm_conv_panel_bma_gd.m
clear all;
sd = 221010;
rng(sd);

% estimate all possible models
% with two or more W-matrices
% nweights = 3, so we have 4 models with 2 or more W-matrices

n = 800;
t = 5;
xc = randn(n, 1); % generate 3 W-matrices
yc = randn(n, 1);
W1 = make_neighborsw(xc, yc, 5); % 5 nearest neighbors W-matrix

xc = randn(n, 1);
yc = randn(n, 1);
W2 = make_neighborsw(xc, yc, 8); % 8 nearest neighbors W-matrix

xc = randn(n, 1);
yc = randn(n, 1);
W3 = make_neighborsw(xc, yc, 12); % 12 nearest neighbors W-matrix

gamma1 = 0.5; % assign gamma weights
gamma2 = 0.3;
```

```
gamma3 = 0.2;
gtrue = [gamma1
         gamma2
         gamma3];

Wc = gamma1 * W1 + gamma2 * W2 + gamma3 * W3;

k = 4; % 4 explanatory variables
x = [randn(n*t, k)];
beta = [1
        1
        1
        1];
theta1 = 0.5 * beta;
theta2 = -0.75 * beta;
theta3 = beta;

bvec = [beta
        theta1
        theta2
        theta3];

sige = 1;
rho = 0.7;

% generate True model
% add fixed effects to the DGP
tts = (1:n) * (1/n);
SFE = kron(ones(t, 1), tts');
ttt = (1:t) * (1/t);
TFE = kron(ttt', ones(n, 1));

    Wx = [x kron(speye(t), W1)*x kron(speye(t), W2)*x kron(speye(t), W3)*x];
    Wxb = Wx * bvec;

    y = (speye(n*t) - rho*kron(eye(t), Wc)) \ (Wxb + SFE + TFE + randn(n*t, 1)
```

```
      * sqrt (sige) );

   ndraw = 50000;
   nomit = 10000;
prior.thin = 5; % retains only 8000 draws from 40,000
                % by skipping every 5
prior.model = 3; % fixed effects


Wmatrices = [W1 W2 W3];

% Estimation of Bayesian model averaging estimates using three matrices
result = sdm_conv_panel_bma_g (y, x, Wmatrices, n, t, ndraw, nomit, prior);

vnames = strvcat ('y','x1','x2','x3','x4');
prt_panel_bma (result, vnames);
```

Models	logm	Prob	rho	W1	W2	W3
Model 1	-7730.522	0.000	0.555	0.639	0.361	0.000
Model 2	-7116.556	0.000	0.514	0.695	0.000	0.305
Model 3	-8187.998	0.000	0.334	0.000	0.601	0.399
Model 4	-6837.437	1.000	0.676	0.512	0.287	0.201
BMA	-6837.437	1.000	0.676	0.512	0.287	0.201
highest	-6837.437	1.000	0.676	0.512	0.287	0.201

从工具箱中的 $sdm\_conv\_panel\_bma\_g$（）函数输出的结果来看，后验概率最高的模型为同时包含 W_1，W_2，W_3 的真实模型（第 4 个模型），其参数估计值 $\hat{\rho}$，$\hat{\gamma}_1$，$\hat{\gamma}_2$，$\hat{\gamma}_3$ 也接近用于数据生成过程的真实值（真实值分别为 $\rho=0.7$，$\gamma_1=0.5$，$\gamma_2=0.3$，$\gamma_3=0.2$）。

在接下来的示例中，我们进一步检验当包括更多权重矩阵时，估计结果是否会转向支持较简约的模型。我们令拥有 5 个权重矩阵和解释变量矩阵 X 有 2 个向量的模型（第 26 个模型）为真实的模型。输出结果如下。

我们发现程序正确地判断出使用所有 5 个矩阵的第 26 个模型为真实的模型，其空间依赖参数估计值 $\hat{\rho}=0.653$ 也接近于真实值 $\rho=0.7$。类似地，权重的参数估计值 $\hat{\gamma}_i$，$i=1,\cdots,5$ 也接近数据生成过程中所使用的真实值（均为 0.2）。

Models	logm	Prob	rho	w1	w2	w3	w4	w5
Model 1	−7186.616	0.000	0.228	0.576	0.424	0.000	0.000	0.000
Model 2	−7170.987	0.000	0.323	0.410	0.000	0.590	0.000	0.000
Model 3	−7211.843	0.000	0.298	0.423	0.000	0.000	0.577	0.000
Model 4	−6972.640	0.000	0.225	0.583	0.000	0.000	0.000	0.417
Model 5	−7346.368	0.000	0.302	0.000	0.318	0.682	0.000	0.000
Model 6	−7386.810	0.000	0.270	0.000	0.351	0.000	0.649	0.000
Model 7	−7175.809	0.000	0.202	0.000	0.504	0.000	0.000	0.496
Model 8	−7373.961	0.000	0.360	0.000	0.000	0.532	0.468	0.000
Model 9	−7156.033	0.000	0.308	0.000	0.000	0.637	0.000	0.363
Model 10	−7200.472	0.000	0.267	0.000	0.000	0.000	0.608	0.392
Model 11	−7090.384	0.000	0.427	0.312	0.229	0.459	0.000	0.000
Model 12	−7135.128	0.000	0.396	0.320	0.242	0.000	0.438	0.000
Model 13	−6891.927	0.000	0.321	0.413	0.325	0.000	0.000	0.262
Model 14	−7124.353	0.000	0.478	0.268	0.000	0.381	0.350	0.000
Model 15	−6873.470	0.000	0.416	0.322	0.000	0.445	0.000	0.234
Model 16	−6922.756	0.000	0.377	0.337	0.000	0.000	0.426	0.237
Model 17	−7302.625	0.000	0.462	0.000	0.207	0.425	0.368	0.000
Model 18	−7081.909	0.000	0.405	0.000	0.251	0.496	0.000	0.253
Model 19	−7129.896	0.000	0.359	0.000	0.279	0.000	0.456	0.265
Model 20	−7114.834	0.000	0.451	0.000	0.000	0.414	0.348	0.238
Model 21	−7040.724	0.000	0.580	0.223	0.165	0.321	0.290	0.000
Model 22	−6784.719	0.000	0.516	0.263	0.201	0.368	0.000	0.168
Model 23	−6838.716	0.000	0.472	0.271	0.219	0.000	0.343	0.167
Model 24	−6825.512	0.000	0.553	0.238	0.000	0.316	0.280	0.166
Model 25	−7037.794	0.000	0.545	0.000	0.183	0.348	0.291	0.177
Model 26	−6733.362	1.000	0.653	0.203	0.157	0.275	0.240	0.125
BMA	−6733.362	1.000	0.653	0.203	0.157	0.275	0.240	0.125
highest	−6733.362	1.000	0.653	0.203	0.157	0.275	0.240	0.125

尽管在上面的示例中，贝叶斯模型比较方法正确地选择了真实的模型，但在比较权重凸组合 SDM 时，仍有许多因素会影响模型判断的准确性。接下来，我们将对其中一些因素进行讨论。

一个会影响模型判断准确性的重要因素是解释变量空间滞后项 W_1X，W_2X，…，W_5X 的系数。直观上看，如果这些系数皆为零，则 SDM 会坍缩（collapse）为 SAR 模型。在 SAR 模型的情况下，改变解释变量的数量不会造成模型比较上的悖论问题，因为所有模型组合的解释变量仅有 X 矩阵，而没有 WX 矩阵。

因此在生成第二个示例时，我们设定参数 $\beta = (1\ \ 1)'$，并刻意设定 W_1X，W_2X，…，W_5X 的系数为：$0.5 \times \beta$，$-0.5 \times \beta$，$0.25 \times \beta$，$-0.25 \times \beta$，$0.5 \times \beta$。这样的设定可以使解释变量空间滞后项的系数不为零，因此当我们看到贝叶斯模型比较

方法正确地选择真实的 SDM 时,并不是因为我们实际上是在比较没有悖论问题的 SAR 模型。

当然,估计结果的准确性取决于空间回归模型的标准特征,如空间依赖的程度,以及采用的权重矩阵之间的相关性/相似性(correlation/similarity)。此外,模型信噪比和拟合度对于模型比较的准确性也扮演很重要的角色。当然,权重矩阵的大小也会影响模型比较的准确性。

在下面的示例中,真实模型的数据生成过程使用了 3 个权重矩阵(第 11 个模型),但在 $sdm\_conv\_panel\_bma\_g$()函数中,我们考虑 5 个权重矩阵所生成的 26 个可能的候选模型。输出结果如下。只考虑 W_1,W_2,W_3 三个矩阵的第 11 个模型,其后验概率为 1,代表程序正确地选择了真实的模型。此外,权重参数的估计值 $\hat{\gamma}_1$,$\hat{\gamma}_2$,$\hat{\gamma}_3$ 也接近参数真实值,分别为 0.5,0.25 和 0.25。

Models	logm	Prob	rho	w1	w2	w3	w4	w5
Model 1	-7181.422	0.000	0.526	0.699	0.301	0.000	0.000	0.000
Model 2	-7022.144	0.000	0.552	0.670	0.000	0.330	0.000	0.000
Model 3	-7420.807	0.000	0.388	0.948	0.000	0.000	0.052	0.000
Model 4	-7419.463	0.000	0.378	0.974	0.000	0.000	0.000	0.026
Model 5	-7595.233	0.000	0.341	0.000	0.520	0.480	0.000	0.000
Model 6	-7874.67	00.000	0.195	0.000	0.883	0.000	0.117	0.000
Model 7	-7875.016	0.000	0.184	0.000	0.928	0.000	0.000	0.072
Model 8	-7807.486	0.000	0.184	0.000	0.888	0.000	0.112	0.000
Model 9	-7806.955	0.000	0.180	0.000	0.000	0.907	0.000	0.093
Model 10	-8066.402	0.000	0.001	0.000	0.000	0.000	0.483	0.517
Model 11	-6748.327	1.000	0.712	0.519	0.225	0.255	0.000	0.000
Model 12	-7190.746	0.000	0.542	0.677	0.290	0.000	0.033	0.000
Model 13	-7190.296	0.000	0.533	0.690	0.294	0.000	0.000	0.016
Model 14	-7032.028	0.000	0.568	0.651	0.000	0.321	0.028	0.000
Model 15	-7030.276	0.000	0.563	0.657	0.000	0.324	0.000	0.020
Model 16	-7429.027	0.000	0.396	0.925	0.000	0.000	0.052	0.024
Model 17	-7603.551	0.000	0.357	0.000	0.494	0.452	0.054	0.000
Model 18	-7604.383	0.000	0.351	0.000	0.498	0.461	0.000	0.041
Model 19	-7883.830	0.000	0.202	0.000	0.825	0.000	0.113	0.062
Model 20	-7815.839	0.000	0.194	0.000	0.000	0.815	0.104	0.081
Model 21	-6757.979	0.000	0.723	0.510	0.221	0.249	0.020	0.000
Model 22	-6756.867	0.000	0.719	0.514	0.222	0.251	0.000	0.012
Model 23	-7199.732	0.000	0.549	0.669	0.283	0.000	0.034	0.015
Model 24	-7040.179	0.000	0.576	0.640	0.000	0.314	0.027	0.019
Model 25	-7612.742	0.000	0.366	0.000	0.477	0.430	0.056	0.037
Model 26	-6766.710	0.000	0.731	0.504	0.218	0.245	0.020	0.012

BMA	−6748.329	1.000	0.712	0.519	0.225	0.255	0.000	0.000
highest	−6748.327	1.000	0.712	0.519	0.225	0.255	0.000	0.000

基于 sdm_conv_panel_bma_g（）函数返回的 results 结构变量，工具箱中的 prt_panel_bma（）函数将输出相关的模型后验概率，并加权平均得出模型平均估计值。

此模型的真实效应估计值如下，程序输出的中位数标量估计结果与其接近。

true effects estimates

variables	direct	indirect	total
x1	1.0323	4.8011	5.8333
x2	−1.0323	−4.8011	−5.8333

在估计权重凸组合 SDM 的效应估计值时，间接效应的估计值往往会比较大。这是因为间接效应估计值是通过累加所有相邻观测值的影响形成的。因此当我们有更多个权重矩阵时，可以预期模型累加了更多的相邻观测值。

```
Bayesian Model Average of SDM convex panel W models
Dependent Variable = y
BMA Log-marginal = −6748.3354
Nobs, T, Nvars = 800, 5, 2
# weight matrices = 5
ndraws, nomit = 50000, 10000
total time = 310.9440
thinning for draws = 5
min and max rho = −1.0000, 1.0000
* * * * * * * * * * * * * * * * * * * * * * * * * * * * * * *
     MCMC diagnostics ndraws = 8000
```

Variable	Mean	MC error	tau	Geweke
x1	0.9716	0.00019607	1.071597	0.998556
x2	−0.9775	0.00012449	1.067057	0.999885
W1 * x1	0.4516	0.00044682	1.371727	0.997471
W1 * x2	−0.5026	0.00054218	1.442930	0.988662
W2 * x1	−0.8822	0.00061245	1.203940	0.996836
W2 * x2	0.7951	0.00068034	1.282952	0.995991
W3 * x1	1.0297	0.00122070	2.880143	0.995249
W3 * x2	−0.7937	0.00130050	2.817219	0.995473
W4 * x1	0.0000	0.00000009	1.101497	0.979029
W4 * x2	0.0000	0.00000010	1.061844	0.876222

第六章 凸组合模型的模型比较

W5 * x1	0.0000	0.00000000	1.193860	0.939694
W5 * x2	0.0000	0.00000000	1.108426	0.717888
rho	0.7099	0.00094808	9.293192	0.999154
gamma1	0.5208	0.00078284	11.601366	0.992018
gamma2	0.2250	0.00055640	5.763176	0.976496
gamma3	0.2542	0.00076841	6.614506	0.995377
gamma4	0.0000	0.00000001	2.557036	0.943916
gamma5	0.0000	0.00000004	4.005060	0.964635

* *

Posterior Estimates

Variable	lower 0.01	lower 0.05	median	upper 0.95	upper 0.99
x1	0.928362	0.939030	0.971690	1.003536	1.013587
x2	-1.021623	-1.010105	-0.977601	-0.944988	-0.935214
W1 * x1	0.340826	0.369389	0.452536	0.535957	0.560230
W1 * x2	-0.612038	-0.586303	-0.502008	-0.419363	-0.395183
W2 * x1	-1.004876	-0.974962	-0.882201	-0.791143	-0.764329
W2 * x2	0.674795	0.702831	0.795030	0.888254	0.914592
W3 * x1	0.858646	0.898645	1.030013	1.161895	1.200805
W3 * x2	-0.968626	-0.926642	-0.793735	-0.661031	-0.621873
W4 * x1	-0.000012	-0.000007	0.000008	0.000023	0.000028
W4 * x2	-0.000017	-0.000012	0.000003	0.000018	0.000023
W5 * x1	-0.000000	-0.000000	0.000000	0.000000	0.000000
W5 * x2	-0.000000	-0.000000	0.000000	0.000000	0.000000
rho	0.621344	0.643536	0.710781	0.773885	0.794006
gamma1	0.461286	0.475686	0.519575	0.572082	0.593620
gamma2	0.164952	0.178888	0.225599	0.268707	0.282367
gamma3	0.183152	0.200082	0.254656	0.303393	0.319713
gamma4	0.000000	0.000000	0.000001	0.000003	0.000004
gamma5	0.000000	0.000000	0.000002	0.000007	0.000009

Direct	lower 0.01	lower 0.05	median	upper 0.95	upper 0.99
x1	0.987642	1.000141	1.034904	1.070201	1.081504
x2	-1.083252	-1.071377	-1.036307	-1.000829	-0.991351

Indirect	lower 0.01	lower 0.05	median	upper 0.95	upper 0.99
x1	3.204240	3.455573	4.383364	5.703102	6.311685
x2	-5.861357	-5.329370	-4.065364	-3.153934	-2.952112

Total	lower 0.01	lower 0.05	median	upper 0.95	upper 0.99
x1	4.224168	4.478957	5.418117	6.755165	7.357018
x2	-6.912789	-6.387067	-5.102203	-4.179128	-3.979499

6.4 SDEM 凸组合 BMA 模型

在比较 SDEM 凸组合模型时，我们会遇到与在比较 SDM 凸组合模型对数边缘似然时一样的悖论问题。这是因为 SDEM 凸组合模型也涉及解释变量的空间滞后项 W_1X，W_2X，$\cdots$，W_MX，因此当考虑不同的模型组合时，解释变量的个数 $(X \sum_{m=1}^{M} W_m X)$ 会随着使用的矩阵数量的改变而改变。举例来说，使用 W_1 和 W_2 构建的 SDEM 的解释变量数量与使用 W_1，W_2，W_3 构建的模型的解释变量数量不同。因此，参数空间的大小发生了改变，并可能会进一步导致比较模型时计算对数边缘似然出现问题。

公式（6.2）为 SDEM 凸组合模型的表达式。我们可以观察到每个权重矩阵 W_m，$m=1,\cdots,M$ 都为模型贡献了额外数量的解释变量。

$$y = X\beta + \sum_{m=1}^{M} W_m X \theta_m + u$$
$$u = \rho(I_T \otimes W_c)u + \varepsilon, \quad \varepsilon \sim N(0, \sigma^2 I_n) \tag{6.2}$$
$$W_c(\Gamma) = \sum_{m=1}^{M} \gamma_m W_m, \quad 0 \leqslant \gamma_m \leqslant 1, \quad \sum_{m=1}^{M} \gamma_m = 1$$
$$\Gamma = (\gamma_1, \cdots, \gamma_M)'$$

以下示例经由执行程序文件 sdem_conv_panel_bma_gd.m 完成。该程序利用了与 6.3 节 sdm_conv_panel_bma_gd.m 文件相同的三个权重矩阵及其权重参数值 γ，其中 3 个矩阵出现在模型的 u 向量中。u 向量定义为 $u=(I_{nt}-\rho(I_T \otimes W_c))^{-1}\varepsilon$[①]。

```
% file: sdem_conv_panel_bma_gd.m
clear all;
sd = 221010;
rng (sd);


% estimate all possible models
% with two or more W-matrices
% nweights = 3, so we have 4 models with 2 or more W-matrices

n = 800;
t = 5;
```

---

① 原文缺少了一个右括号。

```
xc = randn (n, 1); % generate 3 W-matrices
yc = randn (n, 1);
W1 = make_neighborsw (xc, yc, 5); % 5 nearest neighbors W-matrix

xc = randn (n, 1);
yc = randn (n, 1);
W2 = make_neighborsw (xc, yc, 8); % 8 nearest neighbors W-matrix

xc = randn (n, 1);
yc = randn (n, 1);
W3 = make_neighborsw (xc, yc, 12); % 12 nearest neighbors W-matrix

m = 3;
gamma1 = 0.5; % assign gamma weights
gamma2 = 0.3;
gamma3 = 0.2;
gtrue = [gamma1
         gamma2
         gamma3];
%
Wc = gamma1 * W1 + gamma2 * W2 + gamma3 * W3;

k = 4; % 4 explanatory variables
x = [randn (n * t, k)];
beta = [1
        1
        1
        1];
theta1 = 0.5 * beta;
theta2 = -0.75 * beta;
theta3 = beta;

bvec = [beta
        theta1
        theta2
        theta3];
```

```matlab
% calculate true direct and indirect effects estimates
for ii = 1: k
tmp2 = (eye(n) * beta(ii,1) + eye(n) * theta1(ii,1) + eye(n) * theta2(ii,1) + eye(n) * theta3(ii,1));
total_true(ii,1) = mean(sum(tmp2,2));
tmp1 = eye(n) * beta(ii,1); % + eye(n) * theta1(ii,1) + eye(n) * theta2(ii,1) + eye(n) * theta3(ii,1));
direct_true(ii,1) = mean(diag(tmp1));
indirect_true(ii,1) = total_true(ii,1) - direct_true(ii,1);
end

fprintf(1,'true effects estimates \n');
in.cnames = strvcat('direct','indirect','total');
in.rnames = strvcat('variables','x1','x2','x3','x4');

out = [direct_true indirect_true total_true];
mprint(out, in);

sige = 0.1;
rho = 0.7;
% generate True model
% add fixed effects to the DGP
tts = (1:n) * (1/n);
SFE = kron(ones(t,1), tts');
ttt = (1:t) * (1/t);
TFE = kron(ttt', ones(n,1));

Wmatrices = [kron(eye(t), W1) kron(eye(t), W2) kron(eye(t), W3)];

Wx = [x kron(speye(t), W1) * x kron(speye(t), W2) * x kron(speye(t), W3) * x];
Wxb = Wx * bvec;

u = (speye(n*t) - rho*kron(eye(t), Wc)) \ randn(n*t, 1) * sqrt(sige);
y = (Wxb + SFE + TFE + u);

ndraw = 50000;
```

```
nomit = 10000;
prior.thin = 5;  % retains only 8000 draws from 40,000
                 % by skipping every 5
prior.model = 3; % fixed effects
prior.parallel = 1; % ①


% Estimation of Bayesian model averaging estimates using three matrices
result = sdem_conv_panel_bma_g (y, x, Wmatrices, n, t, ndraw, nomit, prior);

vnames = strvcat ('y','x1','x2','x3','x4');
prt_panel_bma (result, vnames);
```

模型比较结果如下,其中真实模型(第 4 个模型)的后验概率为 1.000,而模型平均估计值也非常接近真实的参数值 ρ,γ_1,γ_2,γ_3。

```
Models       logm        Prob     rho      W1       W2       W3
Model 1    -9709.690    0.000    0.191    0.614    0.386    0.000
Model 2    -9643.072    0.000    0.234    0.546    0.000    0.454
Model 3    -9590.080    0.000    0.111    0.000    0.591    0.409
Model 4    -9308.180    1.000    0.620    0.545    0.328    0.127
  BMA      -9308.180    1.000    0.620    0.545    0.328    0.127
highest    -9308.180    1.000    0.620    0.545    0.328    0.127


true effects estimates

variables      direct       indirect       total
   x1          1.0000        0.7500       1.7500
   x2          1.0000        0.7500       1.7500
   x3          1.0000        0.7500       1.7500
   x4          1.0000        0.7500       1.7500


Homoscedastic model
Bayesian Model Average of SDEM convex panel W models
Dependent Variable = y
BMA Log-marginal = -9308.1802
Nobs, T, Nvars = 800, 5, 4
```

---

① 原文漏了关于打开并行计算与否的设置。

```
# weight matrices = 3
ndraws, nomit = 50000, 10000
total time = 293.4170
thinning for draws = 5
min and max rho = -0.9999, 0.9999
```

****

MCMC diagnostics ndraws = 8000

Variable	Mean	MC error	tau	Geweke
x1	0.9954	0.00006319	0.995589	0.999718
x2	1.0106	0.00005516	1.028336	0.999788
x3	1.0027	0.00005310	1.014456	0.999939
x4	0.9920	0.00006049	1.012914	0.999854
W1 * x1	0.4980	0.00015834	1.014543	0.997823
W1 * x2	0.5117	0.00020008	1.030739	0.999907
W1 * x3	0.5268	0.00017245	0.981423	0.999690
W1 * x4	0.5035	0.00013344	0.981253	0.999229
W2 * x1	-0.7717	0.00018092	1.028253	0.999797
W2 * x2	-0.6868	0.00018911	0.980117	0.999821
W2 * x3	-0.7199	0.00017999	0.972579	0.999916
W2 * x4	-0.7505	0.00012517	1.071955	0.999229
W3 * x1	1.0077	0.00018753	1.036027	0.999123
W3 * x2	0.9930	0.00014464	1.086021	0.999512
W3 * x3	1.0152	0.00018951	1.012279	0.999310
W3 * x4	1.0430	0.00011643	1.032957	0.999664
rho	0.6200	0.00093322	4.738355	0.993080
gamma1	0.5451	0.00080209	4.415401	0.991681
gamma2	0.3280	0.00053319	2.320371	0.993871
gamma3	0.1269	0.00088690	3.288222	0.949453

****

Posterior Estimates

Variable	lower 0.01	lower 0.05	median	upper 0.95	upper 0.99
x1	0.981079	0.984943	0.995407	1.005869	1.009358
x2	0.996242	1.000119	1.010640	1.021163	1.024596
x3	0.988887	0.992216	1.002752	1.013362	1.016430
x4	0.978884	0.981741	0.991954	1.002286	1.005308
W1 * x1	0.464111	0.471239	0.498144	0.524187	0.533137
W1 * x2	0.476297	0.484071	0.511680	0.539453	0.547465

W1 * x3	0.492234	0.500693	0.526903	0.552700	0.560482
W1 * x4	0.467447	0.476958	0.503420	0.530026	0.539003
W2 * x1	-0.813895	-0.803960	0.771942	-0.737888	-0.728920
W2 * x2	-0.727301	-0.717716	0.686986	-0.655264	-0.645420
W2 * x3	-0.759799	-0.750901	0.720027	-0.688812	-0.679358
W2 * x4	-0.790582	-0.780967	0.750240	-0.719561	-0.707980
W3 * x1	0.961625	0.971778	1.007676	1.043436	1.054602
W3 * x2	0.945075	0.956559	0.993027	1.028907	1.039664
W3 * x3	0.965807	0.977755	1.015255	1.052784	1.064023
W3 * x4	0.996314	1.006981	1.043115	1.079178	1.090686
rho	0.496825	0.525667	0.619135	0.717545	0.746800
gamma1	0.442663	0.468331	0.542354	0.637112	0.665923
gamma2	0.222490	0.251479	0.328575	0.401861	0.424358
gamma3	0.008538	0.027853	0.127697	0.220939	0.249648

Direct	lower 0.01	lower 0.05	median	upper 0.95	upper 0.99
x1	0.981079	0.984943	0.995407	1.005869	1.009358
x2	0.996242	1.000119	1.010640	1.021163	1.024596
x3	0.988887	0.992216	1.002752	1.013362	1.016430
x4	0.978884	0.981741	0.991954	1.002286	1.005308

Indirect	lower 0.01	lower 0.05	median	upper 0.95	upper 0.99
x1	0.662128	0.679975	0.733942	0.789714	0.807043
x2	0.742102	0.761036	0.817502	0.874588	0.890154
x3	0.749005	0.766475	0.822339	0.877190	0.896511
x4	0.723617	0.740785	0.796091	0.850543	0.868193

Total	lower 0.01	lower 0.05	median	upper 0.95	upper 0.99
x1	1.653711	1.671183	1.729202	1.788447	1.807847
x2	1.748253	1.768695	1.828284	1.888113	1.906883
x3	1.747995	1.766043	1.824983	1.883183	1.901107
x4	1.711862	1.729657	1.787894	1.844980	1.865499

在 SDEM 中，模型的直接效应估计值等同于解释变量 X 的系数估计值，而间接效应估计值由所有解释变量空间滞后项 $W_c X$ 的系数估计值加总得到。这也反映了 LeSage 和 Pace（2014）定义 SDEM 为"局域溢出"（local spillover）模型的原因，因为此模型的溢出效应仅局限在直接相邻的观察值（immediately neighboring observations）中。

上述程序中各参数的置信区间 0.01，0.05 下限和 0.95，0.99 上限是由保留的 MCMC 抽样生成的。总效应的后验分布是由两组参数的 MCMC 抽样总和以及置信区间生成的。另外，在后验分布不对称的情况下中位数估计值（median estimates）是较好的集中趋势指标，因此在汇报模型估计结果时，我们也输出中位数。当然，在 SAR（6.2 节）和 SDM（6.3 节）的模型结果中，我们也可以看到输出的中位数估计值。

6.5 本章小结

本章介绍当 SDM、SDEM 和 SAR 模型有两个或两个以上候选权重矩阵时，我们可以采用贝叶斯模型比较方法来判断权重矩阵的数量以及哪些权重矩阵应该被包括在模型估计中。模型比较基于在模型进行蒙特卡洛估计时经由蒙特卡洛积分生成的对数边缘似然。如果计算机有多核处理器，我们可以利用 MATLAB 并行计算工具箱的功能去计算和探讨哪些候选的权重矩阵组合与样本数据最为一致。如果计算机没有多核处理器，或未安装并行计算工具箱，程序会使用单循环的方式对每个可能的模型逐一求得 MCMC 估计值和对数边缘似然。

在进行实证研究时，建议使用简约的权重矩阵组合，因为在估计权重凸组合参数时如果包含不相关的权重矩阵，会导致这些不相关的权重矩阵的参数估计值接近零但为非零。如果模型包括太多不相关的权重矩阵，这些小的非零参数估计值 $\hat{\gamma}$ 会累加至权重中，导致真正相关的权重矩阵的权重参数估计值 $\hat{\gamma}_m$ 降低。这可能导致模型错误推断不同权重矩阵间的相对重要性。

需要注意的一点是，本章用于演示权重凸组合模型的示例代码中，每个候选权重矩阵都是由单个独特的经纬度坐标和不同数量的最近邻生成的。这样做是为了方便模拟不同类型的矩阵来代表不同类型的网络连接。笔者并不建议使用基于不同数量最近邻权重矩阵生成的凸组合模型，因为这些矩阵高度相关。

在使用多个权重矩阵的示例中，Sheng 和 LeSage（2021）探讨了中国城市间知识生产的溢出效应。他们考虑了 4 种权重矩阵，分别为：(1) 空间邻近性（spatial proximity）(W_S)；(2) 语言与文化相似度（W_L）；(3) 产业相似度（W_I）；(4) 应届大学毕业生流动（W_C）。这些矩阵分别从不同的角度构建城市间的网络连接。他们通过实证得到 4 个矩阵的权重参数估计值，分别为 0.3615、0.0695、0.1790 以及 0.3822。因此，从他们的分析结果得知，相对于其他 3 个网络矩阵，以应届大学毕业生流动形成的城市间网络是最重要的权重矩阵。

Fischer 和 LeSage（2020）在贸易流模型中构建 5 种类型的权重矩阵以反映不同国家之间的联系，它们分别为：（1）空间邻近性；（2）同为贸易组织的会员；（3）历史上的殖民关系；（4）共同货币；（5）共同语言。同样，这些矩阵也分别从不同的角度构建国与国之间的商品贸易连通性。

Debarsy 和 LeSage（2021）考虑了横截面房价回归。他们探索了对于相似房子（comparable house）的各种不同定义，并据此构建了不同的权重矩阵。他们的方法是将（约 3 公里内）20 个相邻的房子作为一组，在此基础上依据相似房子的定义来构建矩阵。这些定义分别为：（1）房子有相同数量的卧室（W_{beds}）；（2）房子有相同数量的卫生间（W_{baths}）；（3）房子有相似的年龄（W_{age}）。实证结果显示，权重参数估计值分别为 0.196、0.375、0.429。因此，对于相似房子来说，房屋年龄是最重要的特征。

最后，读者应注意在使用 SDM 和 SDEM 凸组合模型比较时会遇到的潜在问题，主要是因为这两个模型均包括解释变量空间滞后项 WX，所以改变权重矩阵 W 的数量会同时改变参数的空间大小，造成模型比较上的悖论问题。

当然，空间回归模型的标准特征也会影响模型比较的准确性，这些特征包括空间依赖的程度，权重矩阵之间的相关性/相似性，模型信噪比或拟合度，以及权重矩阵的大小。

6.6 本章参考文献

Debarsy, N. and J. P. LeSage. Bayesian Model Averaging for Spatial Autoregressive Models based on Convex Combinations of Different Types of Connectivity Matrices. *Journal of Business & Economic Statistics*, 2021, 40 (2).

Fischer, M. M. and J. P. LeSage. Network Dependence in Multi-indexed Data on International Trade Flows. *Journal of Spatial Econometrics*, 2020, 1 (4).

Koop, G. *Bayesian Econometrics*. John Wiley and Sons, West Sussex, England, 2003.

LeSage, J. P. Fast MCMC Estimation of Multiple W-matrix Spatial Regression Models and Metropolis Hastings-Monte Carlo Log Marginal Likelihoods. *Journal of Geographical Systems*, 2020, 22 (1).

LeSage, J. P. and R. K. Pace. *Introduction to Spatial Econometrics*. CRC Press, Boca Raton, 2009.

LeSage, J. P. and R. K. Pace. Interpreting Spatial Econometric Models. M. Fischer, P. Nijkamp (eds). *Handbook of Regional Science*. Springer, Berlin, Heidelberg, 2014.

Sheng, Y. and J. P. LeSage. A Spatial Regression Methodology for Exploring the Role of Regional Connectivity in Knowledge Production: Evidence from Chinese Regions. *Papers in Regional Science*, 2021, 100.

第七章

使用函数生成横截面模型的估计值

7.1 横截面空间回归模型

读者可能希望对单个横截面数据模型而不是面板数据模型进行估计,特别是使用工具箱函数可以有效地估计凸组合模型。[①] 使用工具箱函数对横截面模型进行估计时,用户只需要在调用函数时输入一个时间段仅为 1 期的数据集（T=1）,并且使用无固定效应选项（prior.model=0）即可。

虽然之后的示例侧重于权重矩阵凸组合模型,但其他工具箱函数,如 *sar_panel_FE_g* ( ), *sdm_panel_FE_g* ( ), *sem_panel_FE_g* ( ) 和 *sdem_panel_FE_g* ( ),也可以用上述方式生成横截面模型的估计值。

7.2 SAR 凸组合与 BMA 横截面模型

sar_conv_cross_section_gd_m 文件从 ArcView Shapefile 文件中读取经纬度坐标,并根据美国 3,111 个县生成权重矩阵凸组合模型。在数据生成过程中,我们使用两个权重矩阵。一个矩阵使用空间计量经济学工具箱中的 *xy2cont* ( ) 函数计算观测值的邻接性（邻接矩阵,contiguity matrix）。该函数使用德劳内三角剖分算法来判断邻接关系。另一个矩阵使用工具箱中的 *make_neighborsw* ( ) 函数构建观测值的六个最近邻（六个最近邻矩阵）。在示例中为了演示模型比较,我们也生成了第三个矩阵。该矩阵使用逆距离方法生成并使用六个最近邻为截断点（cut-off at six nearest neighbors）。具体而言,该矩阵式将逆距离的非零权重分配给六个最近邻,并分配零权重给六个最近邻以外的其他观测值。虽然生成方法不同,但第三个矩阵与等权重的六个最近邻矩阵（第二个矩阵）非常相似,而且这两个矩阵应该也与邻接矩阵（第一个矩阵）相似,因为邻接矩阵平均约有六个最近邻。

需要注意的是,数据生成过程并没有采用第三个矩阵,因为在生成横截面 y 向量时我们设定 $\gamma_3 = 0$。

[①] 据作者所知,目前并无其他软件可用于估计权重凸组合模型。

```
% sar_conv_cross_section_gd demo file
clear all;
rng (10203444);

% read an Arcview shape file for 3, 111 US counties
map_results = shape_read ('../demo_data/uscounties_projected');
latt = map_results.data (:, 3);
long = map_results.data (:, 4);
n = length (latt);
t = 1;
% plot (long, latt,'.');

[j, Wcont, j]  = xy2cont (latt, long); % Delaunay contiguity W

W6 = make_neighborsw (latt, long, 6); % 6 nearest neighbors W

Wdist = distance (latt, long) + eye (n);
% create inverse distance with a 6 neighbor cut-off W
Wcut = (ones (n, n) ./Wdist) .* W6;
Wdist = normw (Wcut);

rho = 0.6;
k = 2;
x = randn (n * t, k);
beta = ones (k, 1);
sige = 1;
evec = randn (n * t, 1) * sqrt (sige);

gamma1 = 0.3;
gamma2 = 0.7;
gamma3 = 0.0;

Wc = gamma1 * kron (eye (t), Wcont) + gamma2 * kron (eye (t), W6) + gamma3 * kron (eye (t), Wdist);

y = (speye (n * t) - rho * Wc) \ (ones (n, 1) * 2 + x * beta + evec);
```

第七章 使用函数生成横截面模型的估计值

```
ndraw = 20000;
nomit = 10000;
prior.model = 0;
prior.thin = 5;
% prior.plt_flag = 1;

Wmatrices = [Wcont W6 Wdist];

result1 = sar_conv_panel_g (y, [ones (n, 1) x], Wmatrices, n, t, ndraw, nomit, prior);
vnames = strvcat ('y','constant','x1','x2');
prt_panel (result1, vnames);
```

估计结果如下。我们观察到 $\hat{\gamma}_2$ 估计值的后验分布为偏态分布（左偏），其估计均值为 0.5676，而中位数为 0.6178。同样地，$\hat{\gamma}_3$ 估计值也呈现偏态分布。这意味着 $\hat{\gamma}_3$ 估计误差值在（0，1）参数空间的零值附近呈现堆积分布。

```
MCMC SAR convex combination W model with no fixed effects
Homoscedastic model
Bayesian spatial autoregressive convex W model
Dependent Variable = y
Log-marginal = -5622.2305
Log-marginal MCerror = 0.039611
R-squared = 0.7463
corr-squared = 0.6715
mean of sige draws = 1.0007
posterior mode sige = 0.9973
Nobs, Nvars = 3111, 3
ndraws, nomit = 20000, 10000
time for effects = 0.6030
time for sampling = 6.5110
time for Taylor = 0.1912
thinning for draws = 5
min and max rho = -1.0000, 1.0000
* * * * * * * * * * * * * * * * * * * * * * * * * * * * * * * * * * * *
MCMC diagnostics ndraws = 2000
```

Variable	mode	mean	MC error	tau	Geweke
constant	1.9331	1.9484	0.00182409	1.289902	0.994080

x1	0.9898	0.9903	0.00043771	0.998687	0.999671
x2	0.9792	0.9801	0.00044626	1.163389	0.998519
rho	0.6134	0.6106	0.00038228	1.293866	0.992488
gamma1	0.3794	0.3725	0.00223666	4.024133	0.985859
gamma2	0.6178	0.5676	0.00259521	4.278851	0.986122
gamma3	0.0028	0.0599	0.00132381	2.672744	0.770904

****

Posterior Estimates

Variable	Coefficient	Asymptot t-stat	z-probability
constant	1.948448	24.841571	0.000000
x1	0.990280	55.449442	0.000000
x2	0.980116	54.006478	0.000000
rho	0.610634	40.616887	0.000000
gamma1	0.372546	5.160702	0.000000
gamma2	0.567569	6.960202	0.000000
gamma3	0.059885	1.306025	0.191544

Direct	Coefficient	t-stat	t-prob	lower 05	upper 95
x1	1.076564	54.608866	0.000000	1.039465	1.115406
x2	1.065518	52.715727	0.000000	1.027675	1.105793

Indirect	Coefficient	t-stat	t-prob	lower 05	upper 95
x1	1.470380	15.646313	0.000000	1.297383	1.666272
x2	1.455349	15.452771	0.000000	1.283032	1.654145

Total	Coefficient	t-stat	t-prob	lower 05	upper 95
x1	2.546944	24.328856	0.000000	2.353534	2.762381
x2	2.520867	23.841765	0.000000	2.323256	2.743628

我们可以通过添加以下几行代码来生成 BMA 估计值,并由此检测是否能得到基于两个真正的 W 矩阵生成的模型的估计值。

```
result2 = sar_conv_panel_bma_g (y, [ones (n, 1) x], Wmatrices, n, t, ndraw, nomit, prior);

vnames = strvcat ('y','constant','x1','x2');

prt_panel_bma (result2, vnames);
```

这会产生如下所示的估计结果。我们观察到程序识别出了正确的模型,并指出其后验概率为 0.966。通过比较 γ 估计值的均值与中位数可以看出估计结果略有改善。

第七章 使用函数生成横截面模型的估计值

Models	logm	Prob	rho	W1	W2	W3
Model 1	-5618.786	0.966	0.612	0.381	0.619	0.000
Model 2	-5640.626	0.000	0.593	0.691	0.000	0.309
Model 3	-5631.745	0.000	0.598	0.000	0.907	0.093
Model 4	-5622.141	0.034	0.610	0.364	0.578	0.059
BMA	-5618.899	1.000	0.612	0.380	0.618	0.002
highest	-5618.786	0.966	0.612	0.381	0.619	0.000

Bayesian Model Average of SAR convex panel W models
Dependent Variable = y
BMA Log-marginal = -5618.8993
Nobs, T, Nvars = 3111, 1, 3
\# weight matrices = 3
ndraws, nomit = 20000, 10000
total time = 9.7670
thinning for draws = 5
min and max rho = -1.0000, 1.0000

* *

MCMC diagnostics ndraws = 2000

Variable	Mean	MC error	tau	Geweke
constant	1.9394	0.00186181	1.434519	0.998721
x1	0.9899	0.00042152	0.937750	0.998510
x2	0.9795	0.00044728	1.086184	0.997404
rho	0.6122	0.00039469	1.421839	0.999761
gamma1	0.3803	0.00213990	1.565903	0.994618
gamma2	0.6177	0.00213571	1.563232	0.997046
gamma3	0.0020	0.00003492	1.633953	0.885527

* *

Posterior Estimates

Variable	lower 0.01	lower 0.05	median	upper 0.95	upper 0.99
constant	1.739931	1.790188	1.940566	2.091303	2.134524
x1	0.946648	0.955862	0.990277	1.022996	1.036505
x2	0.936355	0.945927	0.978968	1.013608	1.021720
rho	0.573366	0.583479	0.612401	0.639659	0.647982
gamma1	0.199838	0.237844	0.378140	0.521413	0.564887
gamma2	0.433490	0.476812	0.619676	0.761428	0.799538
gamma3	0.000013	0.000077	0.001709	0.005513	0.006811

Direct	lower 0.01	lower 0.05	median	upper 0.95	upper 0.99
x1	1.027539	1.039077	1.076222	1.113980	1.128343
x2	1.017092	1.027231	1.063932	1.101857	1.111322

Indirect	lower 0.01	lower 0.05	median	upper 0.95	upper 0.99
x1	1.269827	1.313201	1.478202	1.666985	1.723355
x2	1.245872	1.294182	1.460163	1.645263	1.713324

Total	lower 0.01	lower 0.05	median	upper 0.95	upper 0.99
x1	2.320246	2.366712	2.553401	2.760946	2.833021
x2	2.282861	2.338686	2.523805	2.729486	2.800018

7.3 SDM 凸组合与 BMA 横截面模型

在接下来的示例中，程序 sdm_conv_cross_section_gd.m 用来估计 SDM 权重凸组合模型。在数据生成过程中仅使用 W_1，W_2 两个权重矩阵，但在调用函数估计时使用三个权重矩阵 W_1，W_2，W_3。

```
% sdm_conv_cross_section_gd demo file
% demonstrate using the function to produce
% estimates for a cross-sectional model
clear all;
rng(30203040);

n = 3000;
t = 1;

rho = 0.2;
k = 2;
x = [randn(n*t, k)];
beta = ones(k, 1);
theta1 = -0.75*ones(k, 1);
theta2 = -0.25*ones(k, 1);

bvec = [beta
        theta1
        theta2];
```

```
sige = 1;
evec = randn (n * t, 1) * sqrt (sige);
latt = rand (n, 1);
long = rand (n, 1);
W1 = make_neighborsw (latt, long, 2);
latt = rand (n, 1); % A different set of latt-long
long = rand (n, 1); % coordinates
W2 = make_neighborsw (latt, long, 6);
latt = rand (n, 1); % A different set of latt-long
long = rand (n, 1); % coordinates
W3 = make_neighborsw (latt, long, 12);

gamma1 = 0.2;
gamma2 = 0.8;

    Wx = [x kron (speye (t), W1) * x kron (speye (t), W2) * x];
    Wxb = Wx * bvec;

% calculate true direct and indirect effects estimates
Wc = gamma1 * W1 + gamma2 * W2;

direct_true = zeros (k, 1);
indirect_true = zeros (k, 1);
total_true = zeros (k, 1);

B = (speye (n) - rho * Wc) \ (speye (n) );

for ii = 1: k
tmp2 = B * (eye (n) * beta (ii, 1) + W1 * theta1 (ii, 1) + W2 * theta2 (ii, 1) );
total_true (ii, 1) = mean (sum (tmp2, 2) );
tmp1 = B * (eye (n) * beta (ii, 1) + W1 * theta1 (ii, 1) + W2 * theta2 (ii, 1) );
direct_true (ii, 1) = mean (diag (tmp1) );
indirect_true (ii, 1) = total_true (ii, 1) - direct_true (ii, 1);
end

fprintf (1,'true effects estimates \ n');
```

```
in.cnames = strvcat ('direct','indirect','total');
in.rnames = strvcat ('variables','x1','x2');

out = [direct_true indirect_true total_true];
mprint (out, in);

y = (speye (n*t) - rho*Wc) \ (ones (n, 1) *2 + Wxb + evec);

prior.model = 0;
prior.plt_flag = 0;
ndraw = 20000;
nomit = 10000;

Wmatrices = [W1 W2 W3];

result1 = sdm_conv_panel_g (y, [ones (n, 1) x], Wmatrices, n, t, ndraw, nomit, prior);
vnames = strvcat ('y','constant','x1','x2');
prt_panel (result1, vnames);
```

结果如下。我们观察到参数 γ_1，γ_2 的估计值不够准确，这是因为在数据生成过程中我们使用的空间依赖程度 ρ 仅为 0.2。比较特别的是，尽管 ρ，γ_1，γ_2，γ_3 的参数估计值不够准确，效应估计值却意外地相对接近其真实值。然而，鉴于相对低的真实空间依赖参数值 $\rho=0.2$ 及其估计值 $\hat{\rho}=0.2482$，效应的估计值很大程度上取决于 X，W_1X，W_2X，W_3X 变量的系数。换言之，该模型与 SLX 模型非常相似。

```
true effects estimates

variables          direct          indirect          total
    x1             0.9874          -0.9874          -0.0000
    x2             0.9874          -0.9874          -0.0000

MCMC SDM convex combination W model with no fixed effects
Homoscedastic model
Bayesian spatial Durbin convex W model
Dependent Variable = y
Log-marginal = -5335.9298
Log-marginal MCerror = 0.065554
R-squared = 0.7147
```

第七章 使用函数生成横截面模型的估计值

```
corr-squared = 0.7105
mean of sige draws = 0.9967
posterior mode sige = 0.9924
Nobs, Nvars = 3000, 3
ndraws, nomit = 20000, 10000
time for effects = 11.9590
time for sampling = 10.6480
time for Taylor = 0.5639
thinning for draws = 2
min and max rho = -1.0000, 1.0000
```

****

MCMC diagnostics ndraws = 5000

Variable	mode	mean	MC error	tau	Geweke
constant	1.8624	1.8571	0.01647620	217.634930	0.913383
x1	0.9920	0.9915	0.00032684	1.083367	0.996478
x2	1.0046	1.0045	0.00045186	1.216729	0.996452
W1 * x1	-0.7794	-0.7791	0.00094396	1.975428	0.989314
W1 * x2	-0.7566	-0.7561	0.00098968	1.936596	0.986864
W2 * x1	-0.2475	-0.2441	0.00248488	2.269053	0.889410
W2 * x2	-0.2385	-0.2358	0.00229842	2.322612	0.922429
W3 * x1	0.0546	0.0479	0.00322593	2.517359	0.539996
W3 * x2	-0.0897	-0.0940	0.00340661	2.311831	0.625412
rho	0.2482	0.2497	0.00671488	222.605595	0.701053
gamma1	0.1851	0.1834	0.00165269	6.907920	0.960015
gamma2	0.6410	0.6285	0.00813574	57.982621	0.883638
gamma3	0.1739	0.1881	0.00880952	67.123107	0.495860

****

Posterior Estimates

Variable	Coefficient	Asymptot t-stat	z-probability
constant	1.857134	19.978340	0.000000
x1	0.991455	54.474064	0.000000
x2	1.004507	54.506329	0.000000
W1 * x1	-0.779136	-28.043960	0.000000
W1 * x2	-0.756104	-27.332679	0.000000
W2 * x1	-0.244135	-4.986643	0.000001
W2 * x2	-0.235791	-4.904667	0.000001
W3 * x1	0.047916	0.687820	0.491566

W3 * x2	− 0.093991	− 1.399382	0.161698		
rho	0.249721	6.739359	0.000000		
gamma1	0.183381	3.444687	0.000572		
gamma2	0.628527	7.682149	0.000000		
gamma3	0.188092	2.161209	0.030679		

Direct	Coefficient	t-stat	t-prob	lower 05	upper 95
x1	0.977402	53.161177	0.000000	0.941293	1.013564
x2	0.988390	53.459504	0.000000	0.951978	1.025673

Indirect	Coefficient	t-stat	t-prob	lower 05	upper 95
x1	− 0.958187	− 8.049894	0.000000	− 1.198807	− 0.734080
x2	− 1.099266	− 9.512899	0.000000	− 1.326240	− 0.880403

Total	Coefficient	t-stat	t-prob	lower 05	upper 95
x1	0.019215	0.155195	0.876678	− 0.228444	0.255680
x2	− 0.110875	− 0.930262	0.352310	− 0.346498	0.116213

与 SAR 模型的情况一样，读者可以通过添加几行代码生成 BMA 估计值。

result2 = sdm_conv_panel_bma_g (y, [ones (n, 1) x], Wmatrices, n, t, ndraw, nomit, prior);

vnames = strvcat ('y','constant','x1','x2');

prt_panel_bma (result2, vnames);

估计的结果如下。我们观察到当模型只包含 W_1, W_2 矩阵时，ρ, γ_1, γ_2 的模型估计结果得到大幅度的改善。该模型的后验概率为 0.999。

Models	logm	Prob	rho	W1	W2	W3
Model 1	− 5329.383	0.999	0.209	0.228	0.772	0.000
Model 2	− 5349.476	0.000	0.090	0.534	0.000	0.466
Model 3	− 5983.302	0.000	0.190	0.000	0.829	0.171
Model 4	− 5335.901	0.001	0.251	0.185	0.627	0.188
BMA	− 5329.393	1.000	0.209	0.228	0.772	0.000
highest	− 5329.383	0.999	0.209	0.228	0.772	0.000

Homoscedastic model

Bayesian Model Average of SDM convex panel W models

Dependent Variable = y

BMA Log-marginal = − 5329.3927

Nobs, T, Nvars = 3000, 1, 3

♯ weight matrices = 3

ndraws, nomit = 20000, 10000

total time = 15.7020

thinning for draws = 2

min and max rho = -1.0000, 1.0000

* *

MCMC diagnostics ndraws = 5000

Variable	Mean	MC error	tau	Geweke
constant	1.9585	0.00566952	63.593363	0.976147
x1	0.9920	0.00034855	1.191756	0.998702
x2	1.0057	0.00048120	1.182736	0.997840
W1 * x1	-0.7813	0.00075281	1.640384	0.992426
W1 * x2	-0.7584	0.00062049	1.852144	0.995851
W2 * x1	-0.2488	0.00148972	1.955241	0.950300
W2 * x2	-0.2412	0.00159134	2.311393	0.932233
W3 * x1	0.0001	0.00000445	2.158537	0.742874
W3 * x2	-0.0001	0.00000420	1.996700	0.795442
rho	0.2093	0.00232515	74.471756	0.904568
gamma1	0.2275	0.00211987	5.494144	0.988951
gamma2	0.7722	0.00212047	5.495870	0.996837
gamma3	0.0003	0.00000933	29.928910	0.824386

* *

Posterior Estimates

Variable	lower 0.01	lower 0.05	median	upper 0.95	upper 0.99
constant	1.816562	1.845860	1.959751	2.064989	2.089167
x1	0.945145	0.955552	0.992075	1.027552	1.038209
x2	0.961145	0.970771	1.005237	1.042345	1.052082
W1 * x1	-0.854345	-0.836744	-0.781758	-0.725971	-0.710876
W1 * x2	-0.829660	-0.811608	-0.758234	-0.703933	-0.688758
W2 * x1	-0.371926	-0.341866	-0.248616	-0.156923	-0.129676
W2 * x2	-0.366078	-0.332516	-0.240711	-0.149800	-0.118253
W3 * x1	-0.000196	-0.000125	0.000073	0.000266	0.000335
W3 * x2	-0.000400	-0.000331	-0.000140	0.000052	0.000102
rho	0.155941	0.168318	0.208839	0.251973	0.264670
gamma1	0.059863	0.114151	0.229077	0.343969	0.380220
gamma2	0.619599	0.655745	0.770752	0.885552	0.939980
gamma3	0.000008	0.000035	0.000276	0.000526	0.000602

Direct	lower 0.01	lower 0.05	median	upper 0.95	upper 0.99

x1	0.927258	0.936806	0.973452	1.009016	1.018802
x2	0.942984	0.952906	0.987229	1.024078	1.034042
Indirect	lower 0.01	lower 0.05	median	upper 0.95	upper 0.99
x1	-1.198901	-1.156946	-1.020846	-0.887269	-0.847741
x2	-1.151945	-1.111294	-0.980835	-0.854755	-0.809847
Total	lower 0.01	lower 0.05	median	upper 0.95	upper 0.99
x1	-0.246321	-0.192886	-0.048316	0.093705	0.135480
x2	-0.175131	-0.134235	0.006810	0.142166	0.189964

7.4 SDEM 凸组合与 BMA 横截面模型

我们可以采用与前节相同的方法估计 SDEM，包括估计 SDEM 凸组合与 BMA 横截面模型。示例程序如下。

```
% sdem BMA program for sdem_conv_cross_section_gd.m
clear all;
sd = 221010;
rng (sd);

% estimate all possible models
% with two or more W-matrices
% nweights = 3, so we have 4 models with 2 or more W-matrices

n = 3000;
t = 1;
m = 3;

xc = randn (n, 1); % generate 5 W-matrices
yc = randn (n, 1);
W1 = make_neighborsw (xc, yc, 5); % 5 nearest neighbors W-matrix

xc = randn (n, 1);
yc = randn (n, 1);
W2 = make_neighborsw (xc, yc, 8); % 8 nearest neighbors W-matrix

xc = randn (n, 1);
```

```
yc = randn (n, 1);
W3 = make_neighborsw (xc, yc, 12); % 12 nearest neighbors W-matrix


gamma1 = 0.5; % assign gamma weights
gamma2 = 0.3;
gamma3 = 0.2;
gtrue = [gamma1
         gamma2
         gamma3];
%
Wc = gamma1 * W1 + gamma2 * W2 + gamma3 * W3;


k = 2; % 4 explanatory variables
x = [randn (n * t, k) ];
beta = [1
        1];
theta1 = 0.5 * beta;
theta2 = 1 * beta;
theta3 = -1 * beta;


bvec = [beta
        theta1
        theta2
        theta3];


sige = 1;
rho = 0.6;


% calculate true direct and indirect effects estimates
for ii = 1: k
tmp2 = (eye (n) * beta (ii, 1) + eye (n) * theta1 (ii, 1) + eye (n) * theta2 (ii, 1) + eye (n) * theta3 (ii, 1) );
total_true (ii, 1) = mean (sum (tmp2, 2) );
tmp1 = eye (n) * beta (ii, 1); % + eye (n) * theta1 (ii, 1) + eye (n) * theta2 (ii, 1) + eye (n) * theta3 (ii, 1) );
```

```
direct_true (ii, 1) = mean (diag (tmp1) );
indirect_true (ii, 1) = total_true (ii, 1) - direct_true (ii, 1);
end

fprintf (1,´true effects estimates \ n´);
in. cnames = strvcat (´direct´,´indirect´,´total´);
in. rnames = strvcat (´variables´,´x1´,´x2´);

out = [direct_true indirect_true total_true];
mprint (out, in);

Wx = [x kron (speye (t), W1) * x kron (speye (t), W2) * x kron (speye (t), W3) * x];

Wxb = Wx * bvec;

u = (speye (n * t) - rho * kron (eye (t), Wc) ) \ randn (n * t, 1) * sqrt (sige);
y = (ones (n, 1) * 2.0 + Wxb + u);

ndraw = 20000;
nomit = 10000;
prior. thin = 5; % retains only 2000 draws from 10, 000
                 % by skipping every 5
prior. model = 0; % no fixed effects
% prior. plt_flag = 1;

Wmatrices = [W1 W2 W3];

% Estimation of Bayesian model averaging estimates using three matrices
result = sdem_conv_panel_g (y, [ones (n, 1) x], Wmatrices, n, t, ndraw, nomit, prior);
vnames = strvcat (´y´,´constant´,´x1´,´x2´);
prt_panel (result, vnames);

prior. parallel = 1; % ①
result = sdem_conv_panel_bma_g (y, [ones (n, 1) x], Wmatrices, n, t, ndraw, nomit, prior);
```

---

① 原文缺少关于打开并行计算与否的设置。

```
vnames = strvcat ('y','constant','x1','x2');
prt_panel_bma (result, vnames);
```

下面显示了基于权重矩阵凸组合模型估计的结果。在数据生成过程中，我们使用 3 个 W 矩阵。而在程序的估计函数中，我们也输入这 3 个真实的 W 矩阵。可以发现模型的参数估计值接近真实值。相比之下，BMA 估计将 1.0 的后验概率分配给错误的模型，一个基于矩阵 W_2，W_3 的模型。这当然会产生不准确的参数估计值 ρ，γ_1，γ_2，γ_3 与效应估计值。在这个例子中，空间依赖参数 ρ 为 0.6，因此效应估计值不仅仅受 X 变量的空间滞后项相关系数的影响。

```
true effects estimates

variables        direct          indirect         total
   x1            1.0000          0.5000           1.5000
   x2            1.0000          0.5000           1.5000


Homoscedastic model
Bayesian spatial Durbin error convex W model
Dependent Variable = y
Log-marginal = -7445.2802
Log-marginal MCerror = 0.116020
R-squared = 0.7112
Rbar-squared = 0.7343
mean of sige draws = 0.9712
Nobs, Nvars = 3000, 3
ndraws, nomit = 20000, 10000
total time in secs = 42.8611
time for sampling = 41.8080
time for Taylor = 1.0531
min and max lambda = -0.9999, 0.9999
* * * * * * * * * * * * * * * * * * * * * * * * * * * * * * * * * * * *
MCMC diagnostics ndraws = 2000

Variable         mean            MC error         tau             Geweke
constant         1.9934          0.00150954       1.032081        0.996334
   x1            1.0225          0.00045870       0.964969        0.998248
   x2            0.9787          0.00042646       1.119898        0.998319
W1 * x1          0.4879          0.00078021       0.871439        0.996827
W1 * x2          0.5113          0.00133095       1.149980        0.999483
```

W2 * x1	1.0333	0.00111344	0.957232	0.999819
W2 * x2	0.9509	0.00144369	0.950376	0.993863
W3 * x1	-1.0323	0.00097965	0.994400	0.994737
W3 * x2	-0.9649	0.00121375	0.927276	0.997211
rho	0.6819	0.00274678	3.118095	0.988509
gamma1	0.4639	0.00203274	4.032013	0.976764
gamma2	0.2933	0.00104449	2.467300	0.992146
gamma3	0.2428	0.00189861	2.412504	0.965619

****

Posterior Estimates

Variable	Coefficient	Asymptot t-stat	z-probability
constant	1.993421	33.917911	0.000000
x1	1.022491	56.038712	0.000000
x2	0.978653	53.682788	0.000000
W1 * x1	0.487917	10.848841	0.000000
W1 * x2	0.511323	10.995969	0.000000
W2 * x1	1.033260	19.292047	0.000000
W2 * x2	0.950861	17.311233	0.000000
W3 * x1	-1.032293	-15.962755	0.000000
W3 * x2	-0.964917	-14.724689	0.000000
rho	0.681930	11.492120	0.000000
gamma1	0.463943	11.092780	0.000000
gamma2	0.293258	6.874957	0.000000
gamma3	0.242799	4.938592	0.000001

Direct	Coefficient	t-stat	t-prob	lower 05	upper 95
x1	1.022491	56.038712	0.000000	0.985574	1.057591
x2	0.978653	53.682788	0.000000	0.942956	1.013901

Indirect	Coefficient	t-stat	t-prob	lower 05	upper 95
x1	0.488884	5.064511	0.000000	0.301415	0.675888
x2	0.497268	5.064531	0.000000	0.299708	0.692178

Total	Coefficient	t-stat	t-prob	lower 05	upper 95
x1	1.511374	14.812347	0.000000	1.314706	1.706869
x2	1.475921	14.100572	0.000000	1.269920	1.686485

Models	logm	Prob	rho	W1	W2	W3
Model 1	-7460.875	0.000	0.465	0.612	0.388	0.000
Model 2	-7469.282	0.000	0.370	0.712	0.000	0.288
Model 3	-7436.316	1.000	0.312	0.000	0.551	0.449

第七章 使用函数生成横截面模型的估计值

Model 4	−7445.423	0.000	0.686	0.460	0.295	0.244
BMA	−7436.317	1.000	0.312	0.000	0.551	0.449
highest	−7436.316	1.000	0.312	0.000	0.551	0.449

Homoscedastic model

Bayesian Model Average of SDEM convex panel W models

Dependent Variable = y

BMA Log-marginal = −7436.3166

Nobs, T, Nvars = 3000, 1, 3

weight matrices = 3

ndraws, nomit = 20000, 10000

total time = 99.2760

thinning for draws = 5

min and max rho = −0.9999, 0.9999

* *

MCMC diagnostics ndraws = 2000

Variable	Mean	MC error	tau	Geweke
constant	1.9855	0.00064759	0.837096	0.996124
x1	1.0256	0.00033479	0.888282	0.999382
x2	0.9740	0.00044122	0.955557	0.998727
W1 * x1	1.0398	0.00117968	0.982554	0.999009
W1 * x2	0.9127	0.00125695	1.087408	0.997886
W2 * x1	−1.0376	0.00166644	1.071390	0.994396
W2 * x2	−0.9396	0.00168542	0.912073	0.991261
W3 * x1	−0.0001	0.00000020	1.241804	0.998893
W3 * x2	−0.0001	0.00000013	0.993882	0.994151
rho	0.3122	0.00136854	1.655602	0.962485
gamma1	0.0001	0.00000021	4.326540	0.972802
gamma2	0.5507	0.00235664	1.665075	0.989490
gamma3	0.4492	0.00235664	1.665092	0.987164

* *

Posterior Estimates

Variable	lower 0.01	lower 0.05	median	upper 0.95	upper 0.99
constant	1.915042	1.929186	1.985478	2.043962	2.064141
x1	0.974379	0.989223	1.025835	1.063539	1.075310
x2	0.924928	0.937363	0.973475	1.011189	1.024578
W1 * x1	0.874655	0.924051	1.040776	1.156392	1.195012
W1 * x2	0.762170	0.799761	0.912430	1.028056	1.069951
W2 * x1	−1.206549	−1.171550	−1.037790	−0.907866	−0.863961

W2 * x2	-1.122087	-1.074677	-0.938463	-0.800846	-0.766021
W3 * x1	-0.000134	-0.000129	-0.000115	-0.000099	-0.000094
W3 * x2	-0.000125	-0.000121	-0.000107	-0.000093	-0.000088
rho	0.163996	0.205129	0.314113	0.412536	0.438424
gamma1	0.000041	0.000043	0.000051	0.000061	0.000064
gamma2	0.312657	0.369573	0.545247	0.757504	0.865367
gamma3	0.134579	0.242436	0.454703	0.630381	0.687293
Direct	lower 0.01	lower 0.05	median	upper 0.95	upper 0.99
x1	0.974379	0.989223	1.025835	1.063539	1.075310
x2	0.924928	0.937363	0.973475	1.011189	1.024578
Indirect	lower 0.01	lower 0.05	median	upper 0.95	upper 0.99
x1	-0.220611	-0.173155	0.003039	0.183069	0.237147
x2	-0.277829	-0.208291	-0.024839	0.153878	0.208986
Total	lower 0.01	lower 0.05	median	upper 0.95	upper 0.99
x1	0.781506	0.845381	1.027726	1.217566	1.283580
x2	0.687810	0.755059	0.949708	1.135886	1.196360

7.5 横截面模型的模型比较

我们可以使用工具箱中的 *lmarginal_cross_section* () 函数进行横截面模型的模型比较。接下来的程序演示如何使用此函数生成 SDM、SDEM 和 SLX 模型的对数边缘似然和后验概率。第五章曾提到，LeSage（2014，2015）认为在模型比较时，只需考虑上述三个模型即可。下面的程序分别为 SDM、SDEM 和 SLX 模型生成 y 向量，并由 *lmarginal_cross_section* () 函数计算这三个模型的对数边缘似然和后验概率。

```
% file: cross_section_demo.m
% simulate SLX, SDM, SDEM models then calculate log-marginals
clear all;
load schools.dat;
% col 1 = school district ID
% col 2 = longitude centroid for the district
% col 3 = latitude centroid for the district

long = schools(:,2);
latt = schools(:,3);
W = make_neighborsw(latt,long,6);
[n,junk] = size(W);
N = n;
rng(86573);
```

第七章 使用函数生成横截面模型的估计值

```
sigx = 1;
x = randn (N, 1) * sqrt (sigx);
x1 = x;
x = randn (N, 1) * sqrt (sigx);
x2 = x;
x = randn (N, 1) * sqrt (sigx);
x3 = x;
% generate y
xo = [x1 x2 x3];
tmp = [-0.5 1 0.5];
beta = tmp´;
tmp = [-1 0.5 1]; % make sure these don´t equal -rho * beta
gamm = tmp´;
sige = 1;
alpha = 10;
% = = = = = = = = = = = = = = = = = = = = = = = = = = = = = = = = = = =
xmat = [ones (N, 1) xo W * xo]; % model includes W * x-variables
    rho = 0.5;
    lam = 0.4;
F = speye (N) - rho * W;
G = speye (N) - lam * W;


xmat = [ones (N, 1) xo W * xo]; % model includes W * x-variables

beta_gamma = [alpha
    beta
    gamm];


eterm = randn (N, 1) * sqrt (sige);
tmp = [xmat * beta_gamma];
y_slx = tmp + eterm;


result1 = lmarginal_cross_section (y_slx, xo, W);
fprintf (1,´true model is SLX \ n´);
fprintf (1,´time taken is: %16.4f seconds \ n´, result1.time);
in.cnames = strvcat (´log-marginal´,´model probs´);
```

```
in.rnames = strvcat ('model','slx','sdm','sdem');
in.width = 10000;
in.fmt = '%10.4f';
out = [result1.lmarginal result1.probs];
mprint (out, in);


y_sdm = F \ (tmp + eterm);

result2 = lmarginal_cross_section (y_sdm, xo, W);
fprintf (1,'true model is SDM \n');
fprintf (1,'time taken is: %16.4f seconds \n', result2.time);
fprintf ('rho = %10.4f \n', 0.5);
in.cnames = strvcat ('log-marginal','model probs');
in.rnames = strvcat ('model','slx','sdm','sdem');
in.width = 10000;
in.fmt = '%10.4f';
out = [result2.lmarginal result2.probs];
mprint (out, in);


y_sdem = tmp + G \ eterm;

result3 = lmarginal_cross_section (y_sdem, xo, W);
fprintf (1,'true model is SDEM \n');
fprintf (1,'time taken is: %16.4f seconds \n', result3.time);
fprintf ('lambda = %10.4f \n', 0.4);
in.cnames = strvcat ('log-marginal','model probs');
in.rnames = strvcat ('model','slx','sdm','sdem');
in.width = 10000;
in.fmt = '%10.4f';
out = [result3.lmarginal result3.probs];
mprint (out, in);
```

结果如下。我们观察到真实的模型有最高的后验概率，这意味着程序能正确地识别出真实的模型。如第五章所述，在 SLX 模型为真实模型的情况下，我们不会像在 SDM 和 SDEM 的情况下那样看到后验概率接近 1。在此示例中，我们使用某个时点美国俄亥俄州的学区数量，总共有 605 个观测值。

```
true model is SLX
time taken is:        0.1230 seconds
    model             log-marginal           model probs
    slx               -1088.6072             0.4447
    sdm               -1089.1336             0.2627
    sdem              -1089.0255             0.2927


true model is SDM
time taken is:        0.0800 seconds
rho = 0.5000
    model             log-marginal           model probs
    slx               -1177.4566             0.0000
    sdm               -1104.4638             0.9998
    sdem              -1113.2265             0.0002


true model is SDEM
time taken is:        0.0810 seconds
lambda = 0.4000
    model             log-marginal           model probs
    slx               -1124.6364             0.0000
    sdm               -1103.0695             0.0057
    sdem              -1097.9087             0.9943
```

在 *lmarginal_cross_section*（）函数中，读者可以选择指令 info.flag=0 或 info.flag=1。当选择 info.flag=0 时，程序会依据稀疏 Cholesky 方法（sparse Cholesky approach）精确计算对数边缘似然函数中的对数行列式项。相反，当选择 info.flag=1 时，程序使用较快速的 Barry 和 Pace（1999）提出的蒙特卡洛近似法。另一个可以选择的指令为 info.eig=0 或 info.eig=1。当选择 info.eig=0 时，程序计算精确的最小特征值。这两项指令的默认值都设为 1，以最快得到计算结果。如下所示，若将输入指令变为 info.eig=1 和 info.flag=1，程序依然能够判断出与数据最一致的正确模型。当我们使用运行速度较慢的选项时，所需运行时间增加了 59 倍（5.64/0.095）[①]。这对于小样本来说不成问题，但是对于更大的样本来说，耗时的差异会逐步扩大。笔者建议在采用大样本时使用近似方法，因为这样会产生较小差异的对数边缘似然，因此更为精确。

---

① 译者重新执行了该程序，在译者的电脑上，这个比值为 6.137/0.123=50 倍。

true model is SLX [1]

time taken is: 6.3170 seconds

model	log-marginal	model probs
slx	−1088.6072	0.3686
sdm	−1088.8197	0.2980
sdem	−1088.7077	0.3334

true model is SDM

time taken is: 5.9350 seconds

rho = 0.5000

model	log-marginal	model probs
slx	−1177.4566	0.0000
sdm	−1101.6389	0.9996
sdem	−1109.5475	0.0004

true model is SDEM

time taken is: 6.0040 seconds

lambda = 0.4000

model	log-marginal	model probs
slx	−1124.6364	0.0000
sdm	−1101.6033	0.0034
sdem	−1095.9084	0.9966

7.5.1 比较横截面模型的权重矩阵

我们还可以使用 $log\_marginal\_cross\_section$（）函数来同时比较模型和权重矩阵。接下来的程序示范了在检验 SDM、SDEM 和 SLX 模型的同时，也对基于 4—16 个最近邻构建的权重矩阵进行了比较。

```
% file: cross_section_demo3.m, demonstrates comparison of weight matrices
clear all;
rng(86573);
load uscounties.data;
% a matrix now exist named uscounties
% the matrix contains 11 columns of county-level data
% col 1 FIPS
```

---

[1] 执行 cross_section_demo2.m 的结果。

第七章 使用函数生成横截面模型的估计值

```
% col 2 LATITUDE
% col 3 LONGITUDE
% col 4 POP1990
% col 5 1987_PCI (per capita income)
% col 6 1988_PCI
% col 7 1989_PCI
% col 8 1990_PCI
% col 9 1991_PCI
% col 10 1992_PCI
% col 11 1993_PCI
[n, k] = size (uscounties);  % find the size of the matrix
pci1987 = uscounties (:, 5);  % extract the 5th column from the data matrix
pci1993 = uscounties (:, 11);  % creates an n x 1 column vector
pop1990 = uscounties (:, 4);
% calculate growth rate of per capita income over the 1987 to 1993 period
pci_growth = log (pci1993) - log (pci1987);
% make these annualized growth rates
pci_growth = pci_growth/7;
% do a growth regression
% which involves regressing the growth rate on the (logged) initial level
xmatrix = [log (pci1987) log (pop1990) ];
% run SDM model
latt = uscounties (:, 2);  % extract latt-long coordinates
long = uscounties (:, 3);
W (1) .matrix = zeros (n, n);
neigh = [];
for ii = 4: 16
    W (ii-3) .matrix = make_neighborsw (latt, long, ii);
    neigh = [neigh
            ii];
end


lmarginal = [];
nweights = size (neigh, 1);
for i = 1: nweights
res (i) .result = lmarginal_cross_section (pci_growth, xmatrix, W (i) .matrix);
lmarginal = [lmarginal
```

```
                        res (i) .result.lmarginal];
end

probs = model_probs (lmarginal);
probs_matrix = reshape (probs, nweights, 3);

in.fmt = '%16.4f';
in.cnames = strvcat ('slx','sdm','sdem');
in.rnames = strvcat ('#neighbors', num2str (neigh) );
mprint (probs_matrix, in);

% run the best model
% 1st we need to figure out which model is best
% and how many neighbors to use
[nprob, nmax] = max (probs_matrix, [], 1);

[prob, mmax] = max (nprob);

if mmax = = 1
    model = 'slx';
elseif mmax = = 2
    model = 'sdm';
elseif mmax = = 3
    model = 'sdem';
end

neighbors_index = nmax (mmax);

num_neighbors = neigh (nmax (mmax) );
% # of neighbors for weight matrix with highest prob

W = make_neighborsw (latt, long, num_neighbors);
ndraw = 2500;
nomit = 500;
prior.novi_flag = 1;
prior.model = 0;
T = 1;
```

```
switch model

    case {´slx´}

result = slx_panel_FE_g (pci_growth, [ones (n, 1) xmatrix], W, T, ndraw, nomit, prior);

    case {´sdm´}

result = sdm_panel_FE_g (pci_growth, [ones (n, 1) xmatrix], W, T, ndraw, nomit, prior);

    case {´sdem´}

result = sdem_panel_FE_g (pci_growth, [ones (n, 1) xmatrix], W, T, ndraw, nomit, prior);

    otherwise
      % do nothing
      disp (´Unknown model´);

end
% print out estimation results
vnames = strvcat (´income growth´,´constant´,´log (pci0)´,´log (pop0)´);
prt_panel (result, vnames);
```

程序的运行结果如下。我们观察到只有 SDEM 有明显的后验概率支持。其中，基于 10 个最近邻构建的 SDEM 有最高的概率，因此为最好的模型。需要注意的是，通过构建单个向量的对数边缘似然，并使用工具箱 $model\_prob$ () 函数生成后验概率，我们同时比较了 SDM、SDEM 和 SLX 模型及其分别对应的 13 个不同的权重矩阵。换言之，总共比较了 $3 \times 13 = 39$ 个模型。因此在程序中，lmarginal 的向量维度为 39×1。

该程序利用 MATLAB 中的 $switch$ () 函数，并根据模型概率比较来调用适当的估计函数。在我们的示例中，SDEM 有最高的模型概率。

#neighbors	slx	sdm	sdem
4	0.0000	0.0000	0.0001
5	0.0000	0.0000	0.0000
6	0.0000	0.0000	0.0000

7	0.0000	0.0000	0.0068
8	0.0000	0.0000	0.0000
9	0.0000	0.0000	0.0007
10	0.0000	0.0000	0.9399
11	0.0000	0.0000	0.0000
12	0.0000	0.0000	0.0000
13	0.0000	0.0000	0.0032
14	0.0000	0.0000	0.0000
15	0.0000	0.0000	0.0000
16	0.0000	0.0000	0.0491

```
Homoscedastic model
MCMC SDEM model with no fixed effects
Dependent Variable = income growth
R-squared = 0.2639
corr-squared = 0.2672
sigma^2 = 0.0002
Nobs, Nvar, #FE = 3111, 3, 0
ndraw, nomit = 2500, 500
rvalue = 0
min and max rho = -1.0000, 1.0000
total time in secs = 3.6040
time for eigs = 0.0750
time for MCMC draws = 3.4280
Pace and Barry, 1999 MC lndet approximation used
order for MC appr = 50
iter for MC appr = 30
* * * * * * * * * * * * * * * * * * * * * * * * * * * * * * * * * *
```

Variable	Coefficient	Asymptot t-stat	z-probability
constant	0.428901	13.815419	0.000000
log(pci0)	-0.047247	-25.321679	0.000000
log(pop0)	0.001887	6.831178	0.000000
W*log(pci0)	0.009678	2.214313	0.026807
W*log(pop0)	0.003815	5.166071	0.000000
rho	0.724763	39.317353	0.000000

Direct	Coefficient	t-stat	t-prob	lower 05	upper 95
log(pci0)	-0.047247	-25.321679	0.000000	-0.050833	-0.043573

log (pop0)	0.001887	6.831178	0.000000	0.001353	0.002446
Indirect	Coefficient	t-stat	t-prob	lower 05	upper 95
log (pci0)	0.009678	2.214313	0.026880	0.000903	0.017780
log (pop0)	0.003815	5.166071	0.000000	0.002400	0.005249
Total	Coefficient	t-stat	t-prob	lower 05	upper 95
log (pci0)	-0.037569	-8.610049	0.000000	-0.046153	-0.029148
log (pop0)	0.005701	7.574325	0.000000	0.004234	0.007173

7.6 本章小结

本章演示了如何使用工具箱中的 $Panel\_g$（）函数生成横截面模型估计值。对于读者而言，这可能是最有用的部分，特别是考虑使用空间权重矩阵凸组合模型，程序代码可以将这种新的模型同时用于横截面模型和固定效应面板数据模型。

7.7 本章参考文献

Barry, R. and R. K. PaceA. Monte Carlo Estimator of the Log-determinant of Large Sparse Matrices. *Linear Algebra and Its Applications*, 1999, 289.

LeSage, J. P. Spatial Econometric Panel Data Model Specification: A Bayesian Approach. *Spatial Statistics*, 2014, 9 (C).

LeSage, J. P. Software for Bayesian Cross Section and Panel Spatial Model Comparison. *Journal of Geographical Systems*, 2015, 17.

中英词汇对照表

a quantity-based structural gravity equation system	一个基于数量的结构重力方程系统
a structure variable	一个结构变量
an underlying stationary process	一个潜在的平稳过程
Bayesian learning	贝叶斯学习
Bayesian model averaged estimates	贝叶斯模型平均估计值
Bayesian model averaging	贝叶斯模型平均
Bayesian panel data toolbox	贝叶斯面板数据工具箱
bias	偏误
biggest myth	最大的迷思
block diagonal	分块对角
burn-in period	预烧期
chi-squared distribution	卡方分布
collapses	坍缩
commodity flows	商品流
comparable house	相似房子
connections, connectivity	连通性
connectivity matrix	连通矩阵
contextual effect	情境效应
contiguity matrix	邻接矩阵
convex combination of spatial weights models	空间权重矩阵凸组合模型
convex combination of weighted spatial regression models	权重凸组合空间回归模型
convex combination of weights model	权重凸组合模型
correlation	相关性
credible interval	置信区间
cumulative	累加

(续表)

cumulative cross-partial derivatives	累积交叉偏导数
cut-off	界限
cut-off at six nearest neighbors	六个最近邻为截断点
dataset	数据集
Delaunay triangle	德劳内三角剖分
dependence parameter	自相关参数
direct effects	直接效应
dispersion	离散程度
disturbances	扰动项
documentation	说明文档
draws	抽样次数
draw-by-inversion approach	反演方法抽样
efficient	有效的
igenvalue	特征值
element-by-element division	元素除元素
element-by-element multiplication	元素乘元素
equality	均等
equally weighted nearest neighbors	等权重最近邻居
Euclidian distance	欧几里得距离
fields	字段
first-order	第一阶
first-order spatial contiguity matrix	一阶邻接矩阵
full inverse-distance matrix	满值的逆距离矩阵
function	函数
Gibbs sampling	吉布斯采样，Gibbs抽样
global spatial shocks to the disturbances	全域空间干扰冲击
global spatial spillovers	全域空间溢出
header label	头标签
higher-order models	高阶模型
histogram	直方图
hyperparameter	超参数
ill-defined problem	错误定义的问题

(续表)

immediately neighboring observations	直接相邻的观测值
indirect effects	间接效应
input options	输入项/指令
interregional flows	跨区流量
inverse distance	逆距离
inverse-gamma distribution	反伽马分布
Jacobian	雅可比行列式
job offers	工作机会
job posting	工作招聘
joint posterior distribution	联合后验分布
Kronecker product	克罗内克积
Lagrange multiplier	拉格朗日乘数
least-squares regression	最小二乘回归
likelihood	似然值
likelihood function	似然函数
likelihood ratio test	似然比检验
Lindley paradox	林德利悖论
local spatial spillovers	局域空间溢出
local spillover	局域溢出
local spillover effects	局部溢出效应
log-determinant, logged determinant	对数行列式
log-marginal likelihood function	对数边缘似然函数
lower 0.05 and upper 0.95 credible intervals	90%的置信区间
lower 0.05	90%置信区间下限（下边界）
upper 0.95	90%置信区间上限（上边界）
main diagonal	主对角线
Markov Chain Monte Carlo, MCMC	马尔可夫链蒙特卡洛
matrix of partial derivatives	偏导数矩阵
MCMC sampler, MCMC sampling	MCMC 抽样
mean	均值
mean-square error, MSE	均方误差
median estimates	中位数估计值

(续表)

Metropolis-Hastings	梅特罗波利斯－黑斯廷斯
mis-specfication	设定偏误
modal estimates	众数估计值
mode	众数
model averaged set of estimates	模型平均估计值
model comparison	模型比较
model specification	模型设定
Monte Carlo	蒙特卡洛
Monte Carlo approximation	蒙特卡洛近似
Monte Carlo error	蒙特卡洛误差
Monte Carlo experiments	蒙特卡洛实验
Monte Carlo integration	蒙特卡洛积分
motivation	动机
noise variance	噪声方差
non-informative prior distribution	无信息先验分布
non-spatial metrix	非空间矩阵
normal distribution	正态分布
normalized	归一化
observation-level effects	个体层面效应
ordinary least-square regression	普通最小二乘回归
own-partial derivatives	自偏导数
parallel computing toolbox	并行计算工具箱
parsimonious models	简约化模型
partial impacts, partial derivative impacts	偏效应
pile-up problem	堆积问题
point estimates	点估计值
poorly scaled sample data	缩放不良的样本数据
poorly scaled variable	缩放不良的变量
posterior density plots	后验密度图
posterior distributions	后验分布
posterior model probabilities	后验模型概率
posterior odds ratios	后验机会比

(续表)

posterior probability	后验概率
random draws	（参数值的）随机抽样
random latitude-longitude vectors	随机经纬度向量
random normal vector	随机正态向量
random number seed	随机数种子
regional-specific effects	区域固定效应
retained draws	保留的抽样
right-skewed	右偏的
row-normalized，row-normalization	行归一化
row-normalized spatial weight matrix	行归一化空间权重矩阵
row-sums	各行总和
SAR convex combination of W model	SAR 权重凸组合模型
scalar summaries measure	标量汇总度量
scalar summary effects	标量汇总效应
scalar summary effects estimates	标量汇总效应估计
seed	种子
sheet	工作表
signal/noise ratio	信噪比
similarity	相似性
simple correlation coeffcient	简单相关系数
simple trapezoid integration	简易梯形积分法
simultaneous autoregressive dependence structure	同期自回归相关结构
skewed	偏斜的
sparse	稀疏
sparse Cholesky approach	稀疏 Cholesky 方法
spatial autoregressive models，SAR	空间自回归模型
spatial autoregressive process	空间自回归过程
spatial co-movement	空间共同波动
spatial dependence	空间依赖
spatial Durbin error models，SDEM	空间杜宾误差模型
spatial Durbin models，SDM	空间杜宾模型
spatial error models，SEM	空间误差模型

(续表)

English	中文
spatial lag of X models,SLX	X空间滞后模型
spatial lags	空间滞后
spatial proximity	空间邻近性
spatial regression specifications	空间回归设定
spatial spillover	空间溢出
spatial weighted matrix	空间权重矩阵
standard deviations	标准差
structure variable	结构变量
Taylor series approximations	泰勒级数近似法
Taylor series expansion	泰勒级数展开
the marginal likelihood	边缘似然函数
time-specific effects	时间固定效应
total effects	总效应
trapezoid-rule integration	梯形积分法
unbiased	无偏的
unconditional on	不依赖于
unidentified	不可识别的
uniform distribution	均匀分布
uninformative prior	无信息先验
unique	独特的
unrestricted	无约束的
variance scalar	方差标量
vectorized	向量化